Agosto 2002

"Daniel cumple
10 meses"

Rosa
Regàs

Sangre
de mi sangre

La aventura
de los hijos

TIEMPO DE ENCUENTRO

Rosa
Regàs

Sangre de
mi sangre

La aventura
de los hijos

temas 'de hoy.

Primera edición	noviembre de 1998

Colección	Tiempo de Encuentro
©	Rosa Regàs, 1998
©	Ediciones Temas de Hoy, S. A. (T. H.), 1998 Pº de la Castellana, 28 28046 Madrid
Diseño de colección	Rudesindo de la Fuente
Ilustración de cubierta	Eugenio Ramos
Fotografía de cubierta	Xavier Miserachs
Fotografía de la autora	María Espeus
ISBN	84-7880-960-0
Depósito legal	M. 39.863-1998
Compuesto en	Fernández Ciudad, S. L.
Impreso en	Lavel, S. A.

A Eduard y Cristina,
Anna y Fede,
David y Marjorie,
Loris y Yolanda,
Mariona y Manel,
que han hecho de mi vida un jardín.

Y al padre de mis hijos, Eduard Omedes,
que hizo posible este milagro.

...Où sont-ilz, où, Vierge souvraine?
Mais où sont les neiges d'antan?

François de Villon,
Ballade des dames du temps jadis

Advertencia

Este libro no es un manual de educación, ni una guía. Las ideas que se vierten en él no son sino una serie de reflexiones elementales sobre algunos de los aspectos que más me llaman la atención en cuestiones relativas a los hijos, junto con experiencias personales que me han ayudado a corroborar las conclusiones a las que he llegado o, a veces, a desbaratar las que en su día creía defender. No he pretendido hacer una teoría de la maternidad y de la paternidad porque estoy convencida de que el oficio de padre y de madre es muy complejo, requiere bastante más imaginación que los demás y le sobran normas y consejos de quienes no lo entienden más que como un deber, un sacrificio, una renuncia, siempre en aras de un vago objetivo celestial.

Sólo he pretendido aportar mi testimonio del profundo cambio que en materia de libertad sexual se ha producido en la sociedad en las últimas décadas y, en consecuencia, de libertad para construir el tipo de familia que más nos apetezca y que más nos convenga. Y un testimonio también del sentido común, del cariño y de la imaginación que intenté poner al servicio de mi vida de familia, lo único que de verdad me sirvió para hacer frente a los conflictos que comportaban esos cambios, desterrar las pocas normas y creencias que había heredado y acceder a mi propio estilo de convivencia con los hijos, que sigue vigente hoy.

Son testimonios más fieles a mi propio y personal mundo de ideas y a mis recuerdos, con las transformaciones que ha urdido en ellos la memoria, que a los hechos objetivos que los originaron. De ahí que la figura del padre, omnipresente en la vida familiar, se limite en este libro a compartir conmigo el plural de algunos verbos en primera persona, para eximirle así de verse incluido en la defensa o en la censura de ciertas normas y postulados que tal vez no fueran los suyos. Con el tiempo he comprendido que, aunque vivan juntos años tan fundamentales como los de la maternidad y la paternidad, las versiones que de un mismo hecho recuerdan sus protagonistas nunca son iguales, dan pie a interpretaciones distintas y a veces acaban en conclusiones contrapuestas.

Estoy convencida de que cada cual ha venido al mundo a cantar su propia canción, y que el secreto está en buscar la melodía, encontrar el tono exacto que convenga a nuestra voz y, si queda tiempo, ponerle letra. Y esto lo consigue quien es capaz de pensar en ello, de iniciar y mantener a lo largo de la vida un diálogo consigo mismo, porque las relaciones con los hijos, como cualquier otra cosa de este mundo, esconden su secreto en el interior de nosotros mismos.

El sofá naranja

Era un sofá tan grande que no pudieron subirlo los mozos por la escalera y hubo que utilizar la grúa colgada del gancho clavado en la azotea. Pero en cuanto lo dejaron en el suelo del salón vacío comprendimos que el sofá había tomado posesión de la casa. Nos acabábamos de mudar y era tal el entusiasmo que teníamos por este inmenso apartamento que abandonamos los muebles del antiguo y minúsculo piso, dispuestos a estrenar hasta la última silla. Nuestro presupuesto, sin embargo, sólo alcanzó para enmoquetar el suelo y colgar los cuadros de las paredes, así que el día que nos instalamos nos dimos cuenta de que nuestra casa más parecía una sala de exposiciones que el hogar de un matrimonio con tres hijos y un cuarto en camino.

El sofá era, como he dicho, de proporciones gigantescas, con los brazos a la misma altura que el respaldo y mullidos cojines acolchando la coraza. El tapicero debió de haber confundido centímetros por pulgadas, y no sabiendo qué hacer con él nos lo había dejado a muy bajo precio cuando supo que nos trasladábamos a ese piso descomunal. Estaba tapizado de color naranja oscuro, con una tela suave como piel de melocotón que escupía el polvo y las manchas de los zapatos. Porque desde el primer día se permitió poner los pies en el sofá. De hecho, más que un sofá era el lugar perfecto para tumbarnos de dos en dos o de tres en tres y leer, escuchar música o hacer la siesta al sol tras los cristales, mientras en la habitación contigua la televisión ronroneaba sus noticias.

Poco a poco y con el tiempo la casa fue llenándose. Nos llegó la mesa del comedor, compramos sillas thonet, colgamos del techo una lámpara de barco, heredamos de la tía Rosa un viejo sofá chester para la biblioteca, vino el carpintero y cubrió de estanterías las paredes, desempaquetamos las cajas de libros, y encargamos una gran mesa baja de un metro y medio de lado que ante el sofá naranja más parecía un velador que la gigantesca mesa cuya pieza entera nos había costado tanto como la propia moqueta. También adecentamos el recibidor, una sala de música con un piano, las habitaciones de los niños y un cuarto para planchar y coser, porque la familia había aumentado y la señora María venía tres veces en semana a remendar, hacer delantales y bolsas para el colegio, pijamas de verano y lo que hiciera falta. Pero el sofá fue siempre el lugar preferido, incluso por los gemelos que habían nacido a los pocos meses de llegar a la casa, porque nos acogía y nos cobijaba a todos. Aún hoy, cuando miro las fotografías de familia numerosa que nos hacíamos todos los años para conseguir rebajas en comercios y escuelas, me sorprende comprobar que aunque un poco apretados cupiéramos sentados los siete, uno junto a otro.

El sofá era el punto de reunión, el motivo de peleas, el lugar de confidencias, el sitio escogido para las convalecencias. Franky, la gata, que no quería ser menos, parió tres gatitos bajo sus exiguas faldas sin dejar una sola mancha, ni siquiera una humedad, cuando los agarró para ir a colocarlos en la cesta que le habíamos preparado en la cocina, y estoy segura de que los primeros escarceos amorosos de los hijos tuvieron lugar en aquel sofá inigualable, el nido, la patria, el vientre materno que ninguno de nosotros podrá olvidar.

Un día apareció Tristán. Era un perro negro sin un solo rasgo que dejara entrever a qué raza pertenecía. Nos lo trajeron cuando apenas tenía dos meses y desde el primer momento mostró un placer desmedido por destrozar el objeto preferido de cada uno. Se comió un libro de Turguenev encuadernado en rojo, acabó con las zapatillas de tenis de los gemelos, destrozó una foca que quedó simplemente en un pedazo de plomo, la emprendió con una lámpara que convirtió en un amasijo de pergamino y alambres, se aficionó a los calcetines y, por más que lo bajáramos a pasear tres veces al día, decidió acabar con la moqueta que había sido desde el principio nuestro más preciado bien. Con el tiempo perdió el afán destructivo de la infancia y adquirió un tono más sosegado y tranquilo. En cuanto se acercaba la hora de comer se instalaba bajo la mesa, y luego nos seguía al salón acurrucándose mimoso junto al ventanal.

Pero un día vimos con sorpresa y terror que antes de los postres se levantaba, y después de haberse sacudido quién sabe qué extraña pereza, se dirigía al sofá, daba un salto y se subía a él ocupando todo el ancho del asiento y buena parte de su longitud. Cuando nos acercamos para conminarle a que bajara, nos recibió con un gruñido y, al querer obligarlo, nos enseñó los dientes, a nosotros, que lo habíamos criado y le habíamos permitido todos los desmanes. Comprendimos de pronto que se había hecho mayor y que con su envergadura había decidido hacerse fuerte en el lugar que había convertido en su territorio. Nuestra vida cambió y tuvimos que inventar toda clase de subterfugios para apropiarnos del sofá como antes. Veníamos de la calle con una chuleta en la mano y, mientras uno de nosotros se la daba, los otros iban a tumbarse ocupando todo el espacio. Tristán, al descubrir la treta de la que había sido objeto, nos miraba con odio y pasaban algunos días hasta que la olvidaba y volvía a caer en la trampa. Así se inició una lucha por hacernos con el sofá que apenas acusaba los avatares de aquella familia que vivía pendiente de él.

Han pasado los años. La moqueta fue sustituida por otra y luego se arrancó definitivamente, los muebles cambiaron de lugar o desaparecieron, el color de las paredes ya no es el mismo, se fueron para siempre la señora María, Franky y Tristán, y aquellos niños se han convertido en señores que a su vez hacen crucigramas y dibujos con sus propios hijos. Pero el sofá permanece inalterable. Y todavía, cuando voy de vez en cuando a la casa que apenas reconozco ya y me tumbo en él como entonces, algo me dice al cerrar los ojos que de un modo u otro también aquel paisaje permanece inalterable, y me parece aún oír los gruñidos de Tristán que me mira con sus ojos de color de miel, esperando que me levante o que le haga un sitio a mis pies porque ahora hay lugar para los dos. Y en ese ámbito de las horas que se fueron, nadie ha de venir a discutirnos un territorio que el sofá naranja nos custodia como un centinela de la memoria y del amor.

El instinto maternal

El instinto, según lo define el *Diccionario de la lengua española* de la Academia, es un «móvil atribuido a un acto, sentimiento, etc., que obedece a una razón profunda sin que se percate de ello el que lo realiza o siente». Si se le añade el calificativo «maternal», que todo el mundo sabe lo que significa, querrá decir que se refiere exclusivamente a la madre. Otros diccionarios puntualizan que esto ocurre «en los animales», y otros aun entienden que es «un móvil psíquico que determina en la mujer, y con respecto al hijo, el comportamiento no aprendido ni reflexivo». Es decir, ciego. ¿Pero de qué comportamiento no aprendido nos están hablando?

Tal vez nuestras antepasadas, las mujeres que nos han precedido en cientos de miles de años, pudieron haber actuado impulsadas por ese instinto, que sería el que velaría por la atención que merece un recién nacido de la especie humana para sobrevivir, igual que debían de tener desarrollado el sentido del olfato para que les advirtiera de los peligros que las acechaban; pero hoy el sentido del olfato apenas nos da para disfrutar del aroma de una flor o detectar un escape de gas, y el instinto maternal ha sido sustituido por el conocimiento y la experiencia propios y por los que nos transmite la cultura a la que pertenecemos, desde que tenemos uso de razón y aun antes, aplacándolo, apagándolo. Lo que sentimos por el hijo es algo mucho más elaborado que ese móvil ciego, por más que en manos de ciertos moralistas se utilice como la justificación del acto de concebir que, en efecto, sería ciego respecto de la libertad y la voluntad de los padres o por lo menos de la madre.

Hablar del instinto maternal en ese contexto es un poco lo mismo que hablar de la ley natural referida a la fidelidad conyugal; es querer aportar pruebas irrefutables, casi de origen divino, para apoyar los preceptos morales de tal o cual iglesia o secta y la consecuente imposición del comportamiento que estos preceptos conllevan.

Amamos al hijo que nos ponen al lado cuando acaba de nacer igual que al que llega de un lejano país que quisimos adoptar porque es el que hemos esperado, el que hemos llevado física o psíquicamente dentro de nosotras aunque sin reconocerlo, que se ha ido configurando como tal desde una simple idea al principio y, poco a poco, tomando su propia identidad, manifestándose como un ser autónomo a través de los contactos internos que provocan sus movimientos, la conciencia de su peso y de su existencia al ir tomando volumen el vientre que lo contiene hasta separarse definitivamente de nuestro cuerpo en el momento de nacer, en el caso del hijo natural. Y casi del mismo modo pero por otros canales de la esperanza que desemboca en su presencia física, igualmente intensos, cuando es adoptado. Pero ningún instinto maternal de ninguna mujer de hoy, ni siquiera de las mujeres que viven más en contacto con lo que se ha dado en llamar la «vida natural», sería capaz de descubrir que el hijo natural que le muestran no es el suyo si se hubiera producido un error, a no ser que fuera tan flagrante como que le trajeran un niño con un color de piel completamente distinto al suyo y al del padre, y aun así. Es más, si al cabo de una o dos semanas le dijeran a la madre que ese hijo no es el suyo y que el que le corresponde es otro que se lo traerán dentro de una semana (y esto vale igualmente para los adoptados), sus sentimientos al respecto no estarían nada claros y el dolor de la separación, si la hubiere, de aquel hijo que creyó suyo, así como la aceptación del foráneo, producirían un dolor y una contradicción en sus emociones que en modo alguno cabría adjudicar al instinto sino al conocimiento, por una parte, y a la conciencia de que su cariño y su atención ya se habían instalado en el ser que por error le habían adjudicado.

Aparte de la profunda curiosidad por los pequeños fenómenos que se producían en mi cuerpo y las transformaciones y emociones a que daban lugar, que para mi asombro se sucedían día tras día, yo viví mi primer embarazo con la fantasía de que el día que viera a mi hijo emergería desde el fondo de mi ser el instinto maternal del que tanto me habían hablado, un inmenso e imparable manantial de emoción y sabiduría que, como si hubiera vencido la resistencia y las barreras de todo lo aprendido, se manifestaría desde la misma raíz de mi identidad más profunda, puro, único e intenso, el indescriptible don que todas las mujeres, con independencia de que lo hubieran merecido o no, con independencia de su voluntad y de sus deseos, recibían cuando nacían sus hijos. Así llegué al parto. Eran tiempos difíciles para las mujeres que paríamos, porque se seguía defendiendo que los hijos habían de nacer con dolor, es decir, estaba vigente la maldición o la condena, como se quiera llamarla, del Dios de los judíos y de los cristianos y, por tanto, nos estaban vedados toda clase de analgésicos. Además, pocos medicamentos existían aún para acelerar el proceso de dilatación, como no fueran los esfuerzos desmesurados que se le exigían a la mujer que, sudorosa y agotada, olvidaba para qué estaba en aquella habitación con aquellas terribles contracciones que se prolongaban durante horas. Cuando nació el niño, yo llevaba más de veinte horas de parto. Lo oí llorar como si su llanto viniera de otro mundo, sin darme apenas cuenta de lo que ocurría, ni importarme demasiado, sintiendo cómo todavía el médico manipulaba lo que había quedado de mis entrañas. Y era tal el peso del cansancio y de los músculos doloridos del cuerpo, y estaba tan vencida por el agotamiento y el sueño, que cuando me lo entregaron envuelto en una toquilla siniestra, arrugado y con la cabeza deformada por los fórceps, lo vi entre brumas y en absoluto lo reconocí: no se correspondía con el hijo que había deseado, con aquel con quien a ciegas había convivido, con el que en momentos de ensoñación había imaginado. Estábamos los dos sudorosos y congestionados, y yo medio ida aún con un velo en los ojos y en el corazón, que me impedía conectar de nuevo con el mundo de los vivos. Y no tuve más remedio que recurrir como pude a la memoria y al entendimiento para que me recordaran que éste era el ser que se había formado en mi vientre, el que había estado conmigo tantos meses, el esperado, el amado en la soledad de mi propio yo, de una forma íntima e intensa que yo nunca había conocido y que no volvería a conocer hasta los próximos embarazos. Pero el instinto maternal tal como me lo habían descrito, esa bocanada sobrenatural que haría por mí lo que yo no supiera o no pudiera hacer, no compareció ni entonces ni más tarde, cuando de verdad me habría venido bien que hubiera sido la naturaleza la que se enfrentara al problema sin que, como dice el diccionario, yo no me percatara de ello. Y si en aquel momento hubiera tenido que fiarme del instinto maternal que, también según me habían dicho, inmovilizaría todo el ámbito de mis sentimientos, de mis apetencias, de mis amores para concentrarse en ese ser cuya vista me produciría una emoción desmesurada y desconocida, si hubiera tenido que medir el alcance de mi amor por la emoción que en aquel momento me producía estar con mi hijo, me habría considerado una madre desnaturalizada y perversa, porque lo que de verdad sentía era un deseo irrefrenable de cerrar los ojos, de olvidarme de los dolores que todavía parecían vibrar en mi vientre, y de abandonarme al sueño que me haría olvidar el infinito cansancio de un parto de veintitrés horas. Esto es lo que habría hecho de dejarme llevar de la necesidad y del deseo, porque eso era lo que de verdad me pedían el cuerpo y el alma. Pero no lo hice. Era muy niña todavía, tenía grandes dudas sobre la naturaleza y la moralidad de mis sentimientos y aún me importaba la opinión que de mí pudieran hacerse el médico, la comadrona, las enfermeras y la familia entera que había venido a ser testigo del nacimiento. Y cuando al cabo de unas horas, más descansada y limpia, me lo trajeron de nuevo, comprendí que ese irrefrenable sentimiento de amor profundo que me producía tenerlo entre los brazos no tenía nada que ver con aquel instinto ciego del que nos habla el diccionario.

Al año siguiente nació mi primera hija. Habían aparecido ya ciertos analgésicos en forma de elixires que se aspiraban por la boca y la nariz y dejaban a la paciente ausente y con apenas sensación de dolor. Yo le había dicho al médico que no quería sufrir, que no veía la necesidad, y él me los administró, y mi niña nació con tal rapidez que apenas tuve tiempo de darme cuenta de lo que ocurría, y cuando la tuve en los brazos ya no recordaba los dolores que debían de haber sido intensos, aunque rápidos y escasos y, sobre todo, evaporados de mi conciencia. Los demás hijos, el tercero y los gemelos, nacieron también sin dolor, de una forma más natural, menos inhumana que aquel primer parto que pretendía cumplir con la maldición de Dios por una culpa de la que yo no me sentía para nada responsable. Hoy, los sistemas para evitar el dolor y ser conscientes de lo que está ocurriendo se han generalizado y las madres son igualmente madres y viven el nacimiento de sus hijos sin que los grandes dolores las inhiban de la conciencia que desean tener en aquel momento. Por supuesto, a las que así lo desean, a las que consideran que han de seguir pariendo con dolor porque no quieren apartarse de la maldición divina y se niegan a que se las ayude, nadie se lo impide. Pero a mi modo de ver, excepto en esos casos de conciencia, el dolor debería estar prohibido. Nadie tendría que estar sometido a él, ni siquiera con el pretexto de que es la forma más natural de parir, porque, de hecho, ya está demostrado que no lo es.

———

De todas las manifestaciones que se confunden con el instinto maternal, la primera que aparece es el sentido de la propiedad, que surge arropado por la idea abstracta de la concepción y la más concreta del nacimiento de este ser que tenemos delante y que reconocemos como el fruto de nuestro cuerpo, en el caso de que seamos nosotras las que lo hayamos parido y nuestros maridos los responsables de la concepción. Pero lo mismo ocurre cuando aparece el hijo que hemos decidido adoptar, aquel por el que hemos hecho todo lo que estaba en nuestra mano para que fuera nuestro.

Un sentido de la propiedad que igualmente alcanza al padre que a la madre mediante un proceso de conocimiento que tampoco nada tiene que ver con el instinto maternal, si acaso con el instinto de apropiarnos de todo lo que deseamos, de todo lo que nos gusta y nos apetece, y que no nos abandonará hasta el día de la muerte. Un sentido de la propiedad que no se origina en el reconocimiento del recién nacido ni por el olor, ni por el tacto, ni por un sentido especial que tantas veces se ha defendido y que no hay forma de identificar en realidad porque no existe, sino en la convicción o la voluntad de que ése y no otro es finalmente «nuestro». Es precisamente este sentido de la propiedad, tan arraigado en los humanos, el que, junto con el amor y el cariño que se va formando día a día por la convivencia, vela porque los hijos estén atendidos.

Hace muchos años tuve una asistenta que, al enterarse de que su novio se había casado en el pueblo con otra, lejos de desesperarse tomó la noticia con mucha calma. «¿Y no te da pena que te haya dejado tu novio?», le pregunté al ver que no mostraba el menor asomo de ira o de tristeza. «Pues no, ya ve usted, el cariño crece con el roce y como nosotros, él en el pueblo y yo aquí, apenas nos hemos rozado...» Esto es sabiduría, pensé entonces, el conocimiento desprovisto de amor propio o de despecho.

Pues también con el hijo ocurre lo mismo, si no hay roce, no hay cariño, por lo menos no hay cariño verdadero, como dice la canción. El cariño en su sentido estricto se sustituye por otros sentimientos tan ciertos e intensos quizá, pero distintos: la voluntad de considerarlo hijo o heredero o sangre de nuestra sangre, la responsabilidad, la añoranza de lo que podría haber sido, y tantos y tantos otros sentimientos como somos capaces de poner juntos o separados en un objeto, en una persona, en una esperanza, incluso en una bella idea que es muchas veces a lo que se reduce la existencia de un hijo.

Otro de los elementos que van conformando la intensa relación que se establece con el hijo es su transformación. Cuando aparece el hijo, sea natural o adoptado, es siempre una sorpresa, la sorpresa de un ser vivo que penetra en nuestra vida y que de una forma confusa sabemos que ya nunca va a salir de ella. Una sorpresa que viene del reconocimiento de «otro», como otros son los demás niños que vemos en la clínica o por la calle si nos detenemos a mirarlos un día cualquiera. Lo que ocurre con los demás es que, al no considerarlos como propios, no atendemos a su proceso de transformación como atendemos al del nuestro, ni le dedicamos tantas horas, ni tantas miradas. Y esa atención meticulosa a todos los detalles de sus movimientos y de sus cambios es lo que nos lo hace ver como «el único posible» y, por lo mismo, no comparable con los demás. De ahí que aunque el padre o la madre reconozcan que su hijo no es tan hermoso como el del vecino ni, más tarde, tan inteligente o tan listo, prevalezca la cualidad de único y sean incapaces de deprimirse con odiosas comparaciones. A no ser que la idea que se han hecho del hijo responda a otros objetivos, como por ejemplo que los supere a ellos, que estudie la carrera que ellos no pudieron estudiar y otros disparates igualmente comunes, pero en cualquier caso nunca reconocerán que su hijo carece de las cualidades necesarias para conseguir ese objetivo, lo que pasa, dirán, es que no quiere, no le da la real gana.

Algo así ocurre con el lugar donde hemos nacido. Se diría que lo juzgamos de otro modo y no podemos aplicarle los criterios de belleza o de fealdad que aplicamos a los demás lugares del mundo. Todos hemos conocido personas que han nacido en pueblos siniestros. Unos sin árboles, con los campos yermos por falta de agua, sin ríos cercanos, ni comunicaciones, abatidos por la miseria o por los especuladores; otros con las casas en ruinas por las lluvias con los hierbajos asomando entre las tejas; o pueblos agostados por un sol de justicia y unas sequías bíblicas que no tienen ni gracia ni sombra. Y, sin embargo, el que ha nacido allí, aun viendo todos esos desastres no sabe aplicarles la crítica que lo llevaría a considerar inhabitable otro pueblo en las mismas condiciones. Por el contrario, se le agrandan los ojos al pensar en él y no le caben las palabras en la boca para describirlo. «¡Oh, mi pueblo! Eso es un pueblo, si lo viera usted. Mire lo que le digo, si este pueblo tuviera agua...» Lo mismo ocurre con los hijos: somos incapaces de verlos como los veía otro y aplicarles los criterios de valoración física y moral que aplicamos, incluso sin malicia, a los demás.

De ahí que padres y madres se extasíen mirando a un niño que, objetivamente hablando, no tiene nada de particular, pero se diría que al reconocerlo como propio se desencadena un proceso que llevado por una íntima curiosidad nos hace estar atentos a cualquier movimiento, cualquier expresión, cualquier manifestación de dolor o de alegría como manifestaciones que no encontramos fuera de ellos. Es cierto que todo está dentro de nosotros mismos, de ahí que la convicción de que este hijo es precisamente el nuestro le da un valor añadido que no tienen los demás. El entretenimiento, la emoción del padre y de la madre ante los más normales e incluso sosos movimientos del hijo que acaba de nacer, cuyas expresiones, facciones o lágrimas están descubriendo, no se comprenderían sin esa curiosidad que en el terreno afectivo sólo despierta lo propio. Se diría que se agudiza la capacidad de sorpresa y de conocimiento latentes en nosotros, y de pronto descubrimos en ese hijo una parte íntima de los secretos de la vida, una parte íntima pero también grandiosa, y la emoción viene tanto del descubrimiento como de la ratificación de que ese ser que estamos descubriendo es nuestro.

Curiosamente, el sentido de la propiedad que tanto mal puede acabar haciendo una vez han crecido los hijos, si los padres no saben deshacerse de él a tiempo, en la más tierna infancia produce constantes emociones y sensaciones nuevas que difícilmente se experimentan en otros órdenes de la vida afectiva, y por otra son una garantía de que la atención de los padres se centrará en este ser que las necesita todas. Como si la naturaleza, consciente de que se han apagado los instintos primitivos que inculcó en el hombre para que anduviera por un mundo todavía virgen de conocimiento, mantuviera incólume en el hombre el sentido de la propiedad que le hace considerar lo suyo no sólo distinto y a veces mejor que lo de los demás, sino mucho más merecedor de nuestra atención, cuidados e incluso sacrificios.

Y es en este sentido de la propiedad donde reside el ansia de muchos padres de justificar su propia existencia por los sacrificios que hacen por los hijos. Un sacrificio, como veremos más adelante, casi nunca verdadero, sino una forma de autosatisfacción personal que por otra parte exige tanta energía emocional de los padres y los lleva a tal exceso de sobreprotección, y a una tan ansiosamente esperada recompensa, que es muy difícil para un hijo soportarlo. Ese sacrificio que se supone desinteresado es lo que muchos progenitores consideran una consecuencia ineludible del instinto maternal.

––––––––––

Quienes defienden la vigencia de ese instinto, arguyen que los padres se dan por enterados de lo que les pasa a los hijos incluso antes que ellos mismos. Pero no es así, por lo menos yo creo que no es así. Por mucho amor que tengamos a nuestros hijos carecemos del poder que se atribuye a aquel instinto maternal ya olvidado, y carecemos también de los medios necesarios para seguir el desarrollo completo de sus pensamientos, sus sentimientos, sus actos y su personalidad si no contamos con su expresa colaboración y su confianza. Y menos aún podemos fiarnos de la premonición, la profecía o la telepatía doméstica.

Hace algunos años, cuando uno de mis hijos estaba haciendo el servicio militar, asistí a unas jornadas de yoga que se celebraban en un antiguo monasterio situado tierra adentro, en una zona casi desierta, en la falda del Pirineo leridano. No es que yo fuera muy aficionada al yoga, aunque reconozco sus virtudes, pero en aquella ocasión fui porque me dijeron que me ayudaría a mejorar un dolor en las cervicales que se empeñaba en permanecer después de un leve accidente doméstico. Me llevó un amigo en su coche un viernes por la tarde y las sesiones comenzaron al día siguiente muy de mañana. Eran sesiones de ejercicios variados y meditaciones diversas que tenían lugar en un paisaje otoñal de hayas rojizas que, no sé si por la concentración a que me obligaban o por la luz oblicua de octubre, me parecía de una belleza serena y profunda y me sentía en consonancia con él. En la sesión de la tarde aparecieron dos personajes que habían estado varios meses con un gurú en la India y nos hablaron durante mucho rato de lo que era la meditación, los poderes de la energía de la mente, nuestra capacidad de transmitirla, la limpieza a que debíamos someter los movimientos del alma. Éramos unas veinte o treinta personas, estábamos sentadas en el suelo con las piernas cruzadas, como se estila en esos casos, y oíamos con gran atención y renovados propósitos lo que nos contaban, alternándose la palabra, aquellos testigos de la vida superior que se llevaba en los monasterios de las montañas, cada vez más cerca del cielo. Luego pasamos a la parte práctica. Se nos dijo que nos concentráramos en las palmas de las manos que teníamos levantadas mirando al frente hasta que sintiéramos un calor inusual, que efectivamente llegó, y que una vez cargados de energía pensáramos con toda la intensidad que nos fuera posible en una persona a la que quisiéramos transmitírsela. Era uno de los múltiples ejemplos de transmisión de energía por poder de la mente, de los que nos habían hablado antes. No soy muy dada a creer en esas teorías ni a practicarlas, pero al ver que de verdad las palmas de las manos me ardían sólo con la intervención del pensamiento, continué el experimento y me dispuse a enviar la energía a mis hijos. Pensé en el mayor con fuerza y concentración, y lo vi perfectamente; pasé a la segunda, que apareció asimismo en el telón de mis párpados o en la profundidad de mi mente, quién podría saberlo; llegué al tercero sin problemas y, cuando quise convocar al cuarto, en lugar de mostrarse como los demás sin actitud ninguna, sino sólo como una presencia, lo vi caído de una moto en una carretera que no reconocí. Me sorprendió la imagen porque el chico, que estaba haciendo el servicio militar, no tenía moto y no pude comprender a qué venía esa visión. Así que pasé a la quinta, su hermana gemela, sin problema ninguno tampoco. Volví a comenzar, el primero, la segunda, el tercero y el cuarto, de nuevo, tumbado en el suelo con la moto a su lado. Volví a la quinta y di varias vueltas por mis hijos, cada vez más inquieta, sin que se produjera ninguna variación: el cuarto siempre aparecía en el suelo caído de una moto. Me sacó de aquel ensimismamiento la voz de uno de los maestros que nos conminó a volver a la realidad: «Son las cinco —dijo—, vamos a dejarlo ya, mañana continuaremos.»

Yo no me sentía cómoda, no por la visión sino por la insistencia en aparecer, por más que me decía que mi inquietud no respondía a ninguna lógica. Se suponía que el presunto accidentado había llegado a casa aquella tarde de sábado con un permiso de dos o tres días y además no tenía moto. Pero aun así no logré tranquilizarme, de tal modo que le pedí a mi amigo que me dejara el coche para ir a llamar por teléfono porque en aquel monasterio medio abandonado no lo había. Se rió de mí y me acusó de supersticiosa. Él se las daba de enterado y dijo que las visiones que se tenían no forzosamente se correspondían con la realidad, y que la interpretación de esas visiones y de los sueños no era en absoluto tan elemental como pensar que lo que se veía o se soñaba estaba ocurriendo en aquel mismo momento, sino que había que contar con otros elementos mucho más complejos, y que ocurría que las madres éramos unas pesadas y sólo pensábamos en posibles desgracias que a la fuerza tenían que ocurrirles a nuestros hijos. Tal vez me convenció, pero no me quitó la inquietud, así que cogí las llaves del coche y me fui al pueblo más cercano en busca de un teléfono.

Contestó mi hija pequeña, y cuando le pregunté por su hermano, el de la mili, me respondió que estaba bien, que había llegado del cuartel, se había duchado y cambiado, y hacía un rato se había ido al cine con sus amigos.

Volví ya sosegada al monasterio aunque con cierta sensación de fiasco porque no tuve más remedio que reconocer que mis temores no habían tenido el menor fundamento.

Al día siguiente, domingo, tuvimos una última sesión por la mañana. El director clausuró el curso y nos fuimos. Llegué a casa con el tiempo justo de sentarme a la mesa para comer. Estaba la familia entera y creo que alguien más que se nos había sumado. Recuerdo mucho movimiento y varias conversaciones cruzadas al mismo tiempo. Yo ya había olvidado la visión de la moto, pero de pronto, por un gesto casual del hijo que había visto en mi delirio, volvió el recuerdo vivo como una bocanada de aire.

—Oye —le pregunté interrumpiendo la conversación—. ¿Qué hiciste ayer por la tarde a las cinco?

—Ayer por la tarde —respondió sin vacilar— me caí de una moto.

Me quedé atónita.

—Si no tienes moto —apunté en un intento de negar lo que oía.

—Pedro me prestó la que se acababa de comprar para que la probara y me fui a la carretera de la Rabassada. Y al dar la vuelta para bajar, debí coger mal la curva, resbalé con la gravilla y me caí.

—Y ¿cómo sabes que eran las cinco de la tarde?

Se tocó el reloj que llevaba en la muñeca y dijo:

—Porque miré el reloj y pensé: ya me he vuelto a cargar el reloj que me regaló mamá.

Esto fue así, tal como lo cuento. Tal vez con los años la historia se ha ido redondeando para que encaje todo perfectamente, no porque yo quiera que así sea, sino porque, con el tiempo, las aristas desaparecen y lo que contamos una y otra vez acaba adquiriendo la condición de una historia acabada con un sentido bien claro. Pero lo fundamental ocurrió así. Es cierto que con los ojos cerrados vi al hijo caído en la carretera, es cierto que fui a llamarlo por teléfono y es cierto lo que me respondió y también lo es lo que ocurrió aquella tarde. Y es cierto que yo le había traído de Ginebra uno de esos relojes Swatch que acababan de aparecer en el mercado en color verde oliva que, le dije con ironía, «es el más adecuado para el traje que llevarás en la mili».

Cada vez que he contado esta historia las interpretaciones han sido diversas. Desde quien está convencido de que yo me la he inventado, hasta quien la atribuye a la transmisión de pensamientos y aduce que los poderes de la mente están en su mayoría por descubrir y que andamos por la vida con una pequeñísima parte de ellos activada sin que sepamos qué esconde el potencial que late tras la oscuridad de la ignorancia. Pero la interpretación más curiosa fue la de un psicólogo que no dudó en atribuir los hechos a las excelsas facultades del instinto maternal.

—¿Así que el instinto maternal sirve también para comunicarse con los hijos en casos de accidente o de necesidad? —le pregunté incrédula.

—Así es, en efecto —respondió convencido—. El instinto maternal actúa constantemente, lo que ocurre es que somos ya incapaces de entenderlo y descifrarlo. Por el momento nos comunicamos de forma inconsciente, y ya llegará el día en que lo hagamos cuando queramos. Así es como actúa el instinto maternal.

En esta vida ocurren cosas que parecen extraordinarias y que de hecho no lo son. Son casualidades, coincidencias que nos sorprenden, y con ese afán de buscarles una explicación trascendental, cada cual les da la interpretación que más le conviene según sus creencias y sus convicciones.

Intento guiarme por la razón y en principio me niego a creer lo que no veo, lo que no me explica la ciencia y el entendimiento, pero tengo que reconocer que en aquella ocasión temblaron mis principios más racionales y me creí en presencia de un fenómeno provocado por una fuerza oculta al margen de la razón. Una casualidad parecía mucha casualidad, pero, me dije, si es casual, cuanto más lo sea mejor, más casualidad es, por decirlo de alguna manera.

Es que no ocurren casualidades tan acabadas como ésta, me dijo alguien con quien lo hablé.

Y entonces, durante toda la temporada que duró la impresión que me había dejado esta historia, me dediqué a provocar posibles casualidades en busca de otra tan contundente como aquélla. En los aeropuertos, por ejemplo, cuando los altavoces comenzaban a anunciar la salida de un avión, «Iberia anuncia la salida de su vuelo...», mentalmente anticipaba al azar un número de tres cifras, que eran las que entonces tenían los vuelos, y comprobé para mi sorpresa que a veces acertaba una, dos y hasta tres. Y me di cuenta de que de hecho así es la lotería. Cada cual elige un número para ver si acierta y, cuando sale, para quien lo ha acertado, la casualidad es tan grande como la concatenación de hechos que hicieron posible mi historia. Y comprendí entonces que era al azar al que había que pedir la responsabilidad de muchos de los incidentes extraordinarios, o por lo menos inusuales, que nos suceden. El encadenamiento de varias circunstancias casuales da al acontecimiento tal sentido que no tenemos más remedio que atribuirle propiedades mágicas, y buscar su origen en el movimiento de los astros, en los poderes ocultos de la mente o en las excelsas y ciegas propiedades del instinto, sea o no maternal.

La gran elección, la gran libertad

Inicié mi vida de familia y comencé a vivir la maternidad en el ambiente de la burguesía media de mi ciudad, en unos tiempos muy distintos a los de hoy. Y eran tantas las presiones sociales que recibíamos, tantas las reglas que nos decían cómo teníamos que vivir, comportarnos, vestir y aceptar sin protestar la vida entera, que los primeros años se reproducen en mi memoria como un letargo, una profunda inmovilidad. Me aburría tanto que de no haber sido por los constantes mareos del primer embarazo que distraían mi inteligencia habría llorado de aburrimiento.

Barcelona era aún una ciudad empobrecida y desvencijada, y si bien las restricciones habían menguado, a ciertas horas el ascensor no funcionaba y las criadas, que cobraban un sueldo irrisorio por permanecer en la casa día y noche, calentaban las planchas en la cocina de carbón. Las luces de la ciudad daban apenas el resplandor de una vela y los tranvías llevaban chicos arracimados en los estribos. Había pocos coches y los domingos por la mañana la ciudad entera se lanzaba a la calle con sus mejores galas para caminar arriba y abajo de la calle mayor de su barrio, se comía después con la familia y por la tarde en el cine se atribuían a la censura escenas tan escabrosas que habrían hecho palidecer de asombro a sus directores.

Yo era hija de padres republicanos y su exilio me había echado en brazos de la burguesía del régimen que entonces no se había vuelto aún nacionalista y que, para justificar su sumisión al franquismo, recordaba a todas horas los horrores de la guerra. La ideología había dejado de existir y no recuerdo una sola conversación en la que se debatieran ideas. Vivíamos de las creencias impuestas. Ninguna de las personas que yo conocía por entonces sabía de las actividades políticas clandestinas que, por supuesto, no habrían aprobado.

Para mí la verdadera dictadura fue la de la moral y las costumbres que se nos imponían con rigor y sin excepciones aun siendo algunas de ellas extremadamente triviales: había que comprar la Santa Bula en la parroquia para que nos dispensara de ciertos días de ayuno y abstinencia; había que ir a la oficina del Obispado a pedir permiso para leer los libros que figuraban en el *Índice*; no estaba permitido que una casada de la burguesía estudiara, trabajara, hiciera deporte sin su marido o fuera sola al cine y al teatro y, como en casa el trabajo estaba a cargo del servicio, no había nada que hacer. El Liceo y el Palacio de la Música eran nuestro solaz, pero aun así como en estas ocasiones no estaba bien visto el zapato plano yo, que había salido del internado hacía un par de años y no había calzado otra cosa en mi vida, perdía el equilibrio con los tacones de aguja y me retorcía de dolor como la china de *Viento del este, viento del oeste*, un libro que circulaba con gran éxito por aquellas fechas.

Los sábados por la noche nos reuníamos con otros cuatro matrimonios y mientras los hombres jugaban al póker en el comedor las mujeres en la salita hablábamos de embarazos, de criadas, de trapos. ¿De qué otra cosa podíamos hablar? En general a las mujeres no les interesaba la revista *Destino*, el pan espiritual de una burguesía culta que en ciertos ambientes de la ciudad se esperaba con verdadera fruición todos los viernes, o *La Codorniz* con su famosa cárcel de papel, ni leían con avidez los premios Nadal aunque asistían a la ceremonia de concesión, uno de los hitos de la vida social de Barcelona. Casi todas las damas del momento dedicaban horas a las obras de caridad en el mísero barrio del Somorrostro o en el Cottolengo, mientras los maridos iban al fútbol o seguían por la radio el Tour de Francia, y cuando llegaba San Juan todos nos vestíamos de etiqueta para ir a la verbena del Club de Polo o del Tenis de La Salud. Se viajaba poco, y la única época del año con fantasía era el verano junto al mar que yo disfrutaba como si me hubiera ganado aquellas vacaciones en cuya conclusión no quería ni pensar.

Fue por aquellos años cuando se produjo el resurgimiento de cierta religiosidad vinculada a las prácticas del Opus Dei y de los cursillos de cristiandad que para nosotros, elementos más moderados, consistía en asistir a los llamados «equipos de matrimonios», la invención de un sacerdote belga que, según nos dijeron, hacía estragos en el extranjero. «Dar testimonio» era su lema y, por tanto, nos estaban vedadas inocencias que los demás mortales disfrutaban, como ir a playas públicas y usar vestidos sin mangas o trajes de baño sin faldas, y del biquini, que se había inventado por esa época a raíz de las pruebas nucleares en las islas Bikini, no podíamos ni hablar.

Cuando nació mi primer hijo me tranquilicé algo, pero a los cuarenta días del parto tuve que ir a la iglesia a «purificarme» con la comadrona y el recién nacido, la mantilla puesta y una inmensa vela encendida en la mano, lo que me ocasionó uno de los bochornos más terribles de mi vida, mucho más real que el fantasma de la guerra atómica que se cernía cada tanto sobre nosotros.

El futuro era un páramo del que jamás me sería dado salir porque no había descubierto aún la transgresión y no sabía qué hacer con tanta energía inútil y tanta melancolía sin causa, me decía yo, arropándome en la mirada sesgada de James Dean que debía de tener entonces más o menos la misma edad que yo. Pero por muy cerrada que fuera la niebla, por muy despiadadas las normas e implacable el entorno que me envolvía, acabé descubriendo una brecha de claridad, y cuando a finales de mi segundo año de matrimonio me negué a pedir permiso a la oficina del Obispado para leer el último libro de Simone de Beauvoir que había llegado clandestinamente al país, decreté que en mi casa se habían acabado los ayunos y me puse zapatos planos como Audrey Hepburn en *Vacaciones en Roma*, me sentía como los héroes de Dien-Bien-Fu que hacía poco habían derrotado a los franceses: para mí éste fue el principio del fin de la posguerra y el inicio de mi vida de persona adulta que nunca más aceptaría ni la sumisión ni la imposición de normas, reglas e ideas.

No siempre lo conseguí, pero al menos me acostumbré entonces a ponerlas en entredicho hasta que mi propia reflexión estableciera un criterio firme sobre el que fundamentar mi decisión. La aplicación de estas decisiones fue llegando poco a poco, con el tiempo, como llegan, si llegan a realizarse, los sueños.

Hasta hace muy poco tiempo, la decisión de tener o no tener hijos apenas se planteaba. La decisión, si la había, la tomaba el padre de familia a su criterio y voluntad, ya sea de forma autoritaria y explícita, ya sea solapadamente, sin siquiera hablar de ello, como portador del destino de la familia. No siempre el padre decidía solo, a veces hacía partícipe de sus decisiones a la madre, podía seguir el consejo del médico si estaba en peligro la salud de ella y, con frecuencia, sobre todo en nuestras sociedades, el de un sacerdote católico. En la mayoría de los casos, la mujer, junto con el amor, la sexualidad, la obediencia, su función en el matrimonio y los hijos, formaba parte del lote que ya venía dado según un modelo establecido desde hacía siglos, en el que ella apenas tenía más intervención que la de ser una de sus partes integrantes. La más necesaria tal vez, pero sin la posibilidad de que se tuviera en cuenta su conveniencia ni se le permitiera imponer su opinión. No tenía en este asunto la más ligera intervención y aceptaba la existencia o no de unos hijos que se le habían impuesto con el paquete entero de su propia condición.

Cada sociedad, cada cultura, une a sus parejas según sus normas y sus ritos, pero entonces lo normal en todas ellas era que los contrayentes quisieran y tuvieran descendencia. Si pasado un tiempo no la tenían, los más modernos acudían a un médico que intentaba solucionar el problema, y los menos seguían los usos de la comunidad a la que pertenecían que podía ir desde las manipulaciones de las comadronas, pasando por los rezos, hasta una serie de remedios que se sustentaban en la hechicería o la superstición. Aún hoy, nuestro mundo está lleno de cuevas y ermitas donde desde tiempos inmemoriales han acudido las mujeres a cumplir con pequeños ritos tradicionales, como tocar una campana, asomarse a un balcón, dejar una vela, caminar descalza o untarse el vientre con zumo de naranjas amargas o con una pócima de aceite virgen y piel de lagartija, para romper la maldición de una esterilidad que se entendía como un estigma, como un castigo arbitrario sin más explicación que el misterio. Y el resultado, de no llegar finalmente la sucesión deseada, iba desde la mera frustración, con todas sus peligrosas consecuencias, hasta la marginación de la mujer por el repudio a que podía someterla el varón. En el mejor de los casos andaba la pareja por el mundo con un sentimiento de carencia que hoy se supera con mayor facilidad, entre otras cosas, porque no es el único objetivo de la vida de las mujeres y de los hombres y porque tiene otras vías de solución.

En su vertiente más opuesta se encuentran las familias de nuestros padres y abuelos a los que la casa se les llenaba de hijos, muchas veces no deseados, al menos los últimos de una familia tan numerosa que dejaba a las madres exhaustas y a los padres esquilmados. Los más conformados alegaban la voluntad de Dios. Lo que Dios quiera, decían, dando a entender con ello que, por convicción religiosa o por ignorancia, no usaban ninguno de los primitivos métodos anticonceptivos que tenían a mano. Casi siempre tal afirmación escondía un engaño y denotaba una gran hipocresía, porque de haber tenido los hijos que Dios quisiera las familias habrían sido como en la Edad Media, es decir, un hijo casi por año en todos los años de la edad fértil de la mujer.

Hoy las cosas han cambiado y por lo menos las mujeres y los hombres que así lo desean pueden decidir tener hijos o no tenerlos.

Ese acto supremo de libertad que ejerce una persona o una pareja no es sólo una decisión sobre una cuestión concreta en un momento determinado, sino que, tener o no tener un primer hijo, o un segundo o un tercero, afecta a todos los órdenes de la vida, al propio cuerpo, la profesión, la relación con la pareja, con los demás, las emociones y las responsabilidades, y provoca infinitas transformaciones en el modo de pensar, de hacer, de amar y de esperar que cambiarán de forma radical nuestra existencia y nuestra historia, hasta el último día.

Decidir tener o no tener un hijo es saber qué es lo que queremos hacer con nuestro cuerpo, hasta dónde estamos dispuestos a llevar esa capacidad de crear a partir de nosotros mismos otro ser vivo, distinto, autónomo; pero no sólo es una libertad referida a nuestro cuerpo, sino también al proyecto de vida que tenemos, a lo que deseamos que sea. Porque la existencia de un hijo, de varios hijos, cambia de tal forma ese panorama, que si una pareja o una mujer sola deciden tenerlos quiere decir que, de un modo u otro, su vida profesional, su vocación, se verán influidas cuando no lesionadas, y por lo menos durante unos años andarán a trancas y barrancas, con la sensación siempre latente de que no se ocupan con la entrega suficiente de unos o de otra.

Es cierto que lo que necesita una mujer es una habitación propia como dice Virginia Woolf, pero no basta con esto. Una mujer, para llevar a cabo su vocación y su desarrollo, para manifestarse en lo que más le gusta y vivir con decoro una vida activa de trabajo necesita también, como han tenido los hombres desde que el mundo es mundo, un lugar libre en la mente donde crear, inventar, proyectar y fabular sin consejos, sin normas, sin interferencias.

Los futuros padres y las madres saben, o deberían saber, que tener un hijo supone además entrar en un periodo, casi tan largo como su propia vida, de intensas y constantes emociones, conmociones, sobresaltos, sufrimientos, dudas y zozobras, sin contar con otras muchas modificaciones en el ámbito de los sentimientos y de la vida afectiva que casi siempre son imprevisibles.

Y, además, se echan sobre la espalda la responsabilidad de guiar al hijo por la senda que habrá de conducirlo a su propia realización. Al margen de la educación que hay que darle en el hogar, con el comportamiento propio más que con normas y preceptos, se entiende que los padres han de crear un ámbito de libertad y de transparencia, cuyo equilibrio es siempre difícil de mantener.

La norma de la transparencia me la dio mi suegra con cierta solemnidad, cuando supo que iba a tener mi primer hijo, y para que entendiera hasta qué punto era fundamental y no admitía excepciones y fallos, añadió que los padres tienen que ir con la verdad por delante y mantener lo que han dicho por encima de debilidades y de insistencias. Y si un día, en un arranque de malhumor, le decían a su hijo que lo iban a tirar por la ventana, tenían que ir al entresuelo, pedirle a la vecina que les abriera la ventana y desde allí cumplir lo dicho. El ejemplo que me dio mirándome fijamente a los ojos era un poco exagerado por muy temperamental que yo fuera, pero nunca lo olvidé.

Sin embargo no siempre me fue bien seguir sus indicaciones.

Muchos años después, volvía un día de la escuela con mis tres hijos pequeños y David, que debía tener unos cinco años, me contó que a su amigo Alex una cigüeña le iba a traer un hermano de París. Cuando llegamos a casa, dejé a los gemelos en su cuarto y me lo llevé al salón dispuesta a explicarle la verdad sobre París y las cigüeñas para que conociera directamente por su madre el misterio de la vida. Se sentó en un sillón muy serio, era tan pequeño que las piernas le bailaban, pero aun así me miraba y esperaba con mucha atención lo que yo le iba a decir. Me senté a su lado y comencé a hablarle de las flores y del polen, y de las mariposas, y del vientre de la madre como una cáscara que contenía la semilla, una forma de hablar de la reproducción que se estilaba mucho por aquellos años en que los padres se iniciaban en los programas de educación sexual. Él me miraba sin entender a dónde quería ir a parar, así que me dejé de mariposas y de cáscaras de nueces y le conté la historia tal como yo la sabía en una versión un poco más simplificada.

—¿Lo has entendido, David? —le pregunté cuando hube terminado.

—Sí.

—¿Quieres hacerme alguna pregunta? ¿Hay algo que no tengas claro?

—No —dijo moviendo la cabeza para corroborarlo—, lo he entendido todo, todo lo que me has dicho.

—Ahora ya sabes pues como nacen los niños, ¿no?

—Sí, ya lo sé.

—Todos los niños y niñas nacen así, ¿sabes? —insistí porque no lo veía muy convencido.

Entonces me miró muy serio y aclaró:

—Todos los niños menos el hermano de Alex que lo trae la cigüeña de París.

Y por más que lo intenté no hubo forma de hacerle entender que mi versión era la verdadera y no hacía excepciones. Y es que, para un niño, una cigüeña que viene de París y atraviesa el cielo azul con un fardo colgado del pico es una explicación de la llegada de un bebé mucho más creíble que la aséptica historia de amor que yo le había contado, incluso con las mariposas, las flores y las cáscaras de nueces.

———————

Hasta aquí la decisión incumbe a la vida íntima y personal de los padres, sobre todo de la madre. Pero ¿cómo olvidar la carga suplementaria del deber que nos impone un hijo? Un deber impuesto por el amor que se supone le tendremos y por la responsabilidad de haberlo traído al mundo sin que él lo pidiera, es decir, el ineludible compromiso de atender a su desarrollo físico y psíquico. Esta responsabilidad, que al principio se limita al alimento y la higiene del recién nacido, poco a poco se va ampliando y enredando en los diferentes vericuetos del entorno que le hayamos dado y, como una mancha de aceite, se extiende a la educación, el ocio y la salud, de tal forma que se convierte en un trabajo contabilizado en horas, en atención, en dinero y, en no pocos casos, en sufrimiento.

¿Estamos preparados, queremos de verdad —deberíamos preguntarnos— crear un nuevo ser, darle la vida, lanzarlo al mundo para que reciba no sólo los bienes y el amor de que disponemos y que estamos dispuestos a ofrecerle, sino también un futuro donde un día tendrá que abrirse paso sin nuestra ayuda afrontando las dificultades, la injusticias, los ataques que nosotros ya conocemos, ya hemos sufrido y tal vez seguimos sufriendo? Porque en último término, y al margen de nuestros deseos más o menos fundados, más o menos concretos, se trata de tomar la decisión por él, darle una existencia que no nos ha pedido, para que la disfrute y la comparta, tal vez, pero también para que la sufra y sea una víctima más. ¿Podremos darle, pues, lo que le haga falta en todos los sentidos para que cuando sea un adulto no se arrepienta de haber nacido y no nos eche a nosotros en cara que hayamos tomado por él la decisión?

Por si fuera poco, no hay que olvidar que todas estas transformaciones, toda esta responsabilidad, esas cargas por llamarlas de algún modo, se prolongan durante toda la vida del hijo; dicho de un modo más preciso, durante toda la vida de los padres. Porque por mucho que se diga que cuando son mayores los hijos dejan de dar preocupaciones a los padres, esto no es exactamente así. Dan menos trabajo y precisan menos atención, es cierto, pero sufrimiento y zozobra los siguen dando hasta que son casi más viejos que los propios padres, hasta el día de la muerte: un hijo, sea una carga, sea un regalo, lo es para toda la vida. Y si los padres no son unos cínicos o unos desalmados o simplemente más egoístas de lo normal, a los hijos los tienen siempre presentes aunque ya no les cuesten dinero, aunque no les den disgustos, aunque hagan su vida y apenas necesiten su compañía y su ayuda.

Hoy, por suerte y gracias a los anticonceptivos, a la lucha y el esfuerzo de miles de mujeres que nos precedieron y también de miles de hombres que ayudaron en esa lucha, las mujeres, por lo menos las que tienen un nivel aceptable de vida y no están sometidas a los preceptos morales de sus respectivas religiones y creencias, son libres de procrear y libres de hacerlo las veces que quieran, con quien quieran y a la edad que crean conveniente. Y libres, asimismo, de no tener hijos, como una opción positiva que se aviene con su forma de entender la sensibilidad y que concuerda con el proyecto de vida que quieren poner o que ya han puesto en marcha.

Una de las consecuencias de este progreso es que la mujer ha dejado de estar sometida al marido. En la teoría por lo menos. Pero hace muy pocos años ni siquiera en la teoría.

Cuando a mediados de los cincuenta me casé a una edad en la que hoy las chicas todavía no han acabado la escuela, como a todas las mujeres que se casaban, me leyeron la Epístola de San Pablo a los Efesios para que no tuviera ninguna duda sobre mi destino: «Las casadas estén sujetas a sus maridos como al Señor, porque el marido es la cabeza de la mujer como Cristo es la cabeza de su iglesia, la cual es su cuerpo y él es su Salvador. Así que como la iglesia está sujeta a Cristo, así también las casadas lo estén en todo a sus maridos» (**5**, 22-24). Aunque para compensar esa esclavitud que, encima, había de ser gozosa, añadía: «Maridos, amad a vuestras mujeres así como Cristo amó a su iglesia, y se entregó a sí mismo por ella (...). Así también los maridos deben amar a sus mujeres como a sus mismos cuerpos. El que ama a su mujer, a sí mismo se ama» (**5**, 25 y 28).

Con este mensaje es natural que a algunas de nosotras nos pareciera un mal comienzo y tuviéramos miedo. Miedo al encierro, a la falta de libertad, al estancamiento de nuestro ser, un ser inacabado al que, como entonces creían todas las chicas de esa edad, para amar le bastaba con la voluntad de hacerlo y en el mismo amor encontraría su plenitud. Así era yo, y así éramos las mujeres que nacimos con el amargo poso de una tradición que exigía de nosotras la sumisión, es más, la sumisión como fuente de felicidad. El placer de la entrega, nos decían, la vida en el otro; total, la vida del otro.

Y era de verdad la vida del otro, porque aun en el improbable caso de que alguna no lo aceptara, se daba cuenta de ello cuando tenía la casa llena de unos hijos, no siempre deseados, que si se decidía a separarse perdería irremisiblemente. Una mujer que abandonaba el hogar era una pecadora, y si además era adúltera podía muy bien caerle una condena que la ley establecía en años de cárcel. Todo dependía de la voluntad del marido ultrajado.

San Pablo pretendió haber inventado otra forma de entender la pareja o el matrimonio, aunque consideraba a los hombres que se unían a una mujer «gente de tropa», pero no hizo más que dar cuerpo de ley a las normas más cerradas del momento haciéndolo más rígido, menos sujeto al azar o al sentimiento. Y a partir de entonces todos los que cayeran bajo el dominio de la Iglesia tendrían que acatar unas leyes que no parecían tener más objetivo que el control piramidal de la sociedad entera.

Durante siglos, pues, el papel de la mujer ha sido el de obedecer, obedecer de buen grado, es decir, aceptar como un regalo de Dios esa imposición de ser la esposa fiel y sumisa, la madre amantísima, el ángel del hogar, o bien obedecer a la fuerza y sufrir en silencio la opresión de un modo de vivir que poco importaba si le producía repugnancia o no. Era la única opción. La separación suponía ser una marginada social y perder a los hijos. Sí, había otra, es cierto: la de quedarse soltera, pero ésa era una opción que no hacía sino cambiar el nombre del propietario: no había marido, pero se estaba sometida al padre, al hermano, al cuñado o al sobrino. El destino de las mujeres solteras en nuestra sociedad no siempre fue airoso. Carecían de proyecto sexual que yacía escondido en la borrosa honorabilidad del matrimonio.

Estoy hablando de la gran mayoría de mujeres, del amplio segmento de población que va de las burguesas y las de clase media, hasta las campesinas y obreras. No hablo de las ricas excéntricas que, apoyadas por sus dineros siempre heredados, recorrieron los salones de Europa tras los famosos, como Lou Andreas Salomé. Ni de aquellas que, como una excepción que confirma la regla, vivían con hombres que se apeaban de sus derechos de marido y actuaban simplemente como amigos o amantes, como en el caso de Virginia Woolf. Ni de las aún más excepcionales que obtuvieron reconocimiento público por méritos propios, como Eleonora Duce y Sara Bernhardt.

Las cosas han cambiado hoy. Con los métodos anticonceptivos, la mujer puede hacer de su vida sexual lo que le plazca, siempre que tenga el coraje de decidir por sí misma qué es lo que más le conviene, qué es lo que quiere hacer. Porque los anticonceptivos hacen posible llevar a cabo la decisión, pero la decisión ha de tomarla ella sin ayuda de nadie y, en muchos casos, en contra de otros.

Es cierto que la libertad no se cifra únicamente en esa libertad sexual y que poco se haría con ella si, además, esta mujer no tuviera también y de algún modo la libertad económica. La compaginación de estos dos modos de libertad son los pilares de la verdadera igualdad de sexos, que tan lejana veían las mujeres de principios y de mediados de este siglo. Y ninguna de ellas es posible si no desaparece la sumisión, porque la sumisión es el peor enemigo de la libertad.

———————

Una vez tomada la decisión de tener un hijo, supongo que las consecuencias para el padre y la madre han de ser muy distintas. Para la madre, una vez que el embarazo es seguro, comienza una época de transformaciones y de estados de ánimo tan distintos a los que estaba habituada, que si siente un poco de curiosidad por sí misma encontrará una fuente inagotable de placer en su sola contemplación. Es casi una alucinación, un viaje al fondo de sí misma que poco a poco va abriéndose a «otro», a ese otro que comienza por cambiar sus gustos y apetencias, las dimensiones del vientre y de los pechos, con tal exuberancia que se extiende a las emociones y a los disgustos y, como una premonición de la independencia que alcanzará su propia vida, acaba por manifestarse con unos movimientos ajenos a los suyos. Tenues al principio como sugerencias, como invenciones, más evidentes poco a poco y finalmente claros y concisos como golpes o como apreturas, tensiones y tiranteces. Es una alucinación tan personal que nadie la comprende ni tiene por qué, y a la madre no le importa porque vive reconcentrada en sí misma y atenta a los cambios que su nuevo estado le provoca día a día.

Era mi primer embarazo. Mi extremada juventud me impedía saber qué era exactamente lo que le ocurriría a mi cuerpo. Los médicos, como los tiempos, eran distintos y apenas nos contaban en qué consistía un fenómeno que a nosotras nos parecía tan inusual y que ellos, en cambio, consideraban natural como la vida misma. De vez en cuando el consejo de una amiga mayor, de una comadrona o de una enfermera que encontrábamos por azar nos prevenía sobre los estragos de las estrías y, sin saber muy bien qué hacíamos, nos untábamos el cuerpo entero, sobre todo el vientre y los pechos, con aceite de masaje hasta que los poros habían colmado su capacidad de absorción. Nos duchábamos entonces con agua tibia para que la grasa no desapareciera de la piel y nos envolvíamos en camisones de hilo, largos hasta los pies, que nos sumían en una suavidad y frescura como de jardín al amanecer, como si fuéramos nosotras las que nadábamos en el líquido amniótico. Y así nos íbamos a la cama, a reconcentrarnos en nosotras mismas. Hacíamos como que leíamos, pero tras la pantalla de las letras y de las líneas aparecía de nuevo ese mundo cambiante que llevábamos dentro. Y cuando se abombaba el vientre y poco a poco los contornos se deformaban abruptamente por el incipiente movimiento de unos brazos o unas piernas apretujados en nuestra carne, nos tumbábamos boca arriba en la cama y poníamos sobre el vientre un objeto que nos transmitiera con mayor fidelidad el movimiento que se producía en su interior.

Mi objeto fue una foca negra de unos diez centímetros de largo, con el cuerpo forrado de piel negra y el alma de plomo que me duró todos los embarazos. La ponía en la cúspide del vientre y miraba cómo se movía al tiempo que también parecía incrementarse la sensación, el contacto con ese ser desconocido aún que se gestaba dentro de mí. No sé si era emoción. A veces ese sentimiento difícil de explicar lo disimulaba con la risa que me producían los contoneos de la foca sobre la piel tirante y lisa; a veces me ensimismaba intentando dar cuerpo anticipadamente a la vida que sentía fluir; a veces me deshacía en pensamientos que no atinaba a entender sobre lo que me estaba ocurriendo y me parecía imposible que en unos meses hubiera en la casa otro ser, que en ese momento ni siquiera podía imaginar, que ocuparía para siempre su lugar en nuestros sentimientos, que tendría su rostro, sus brazos, su voz y que, al cabo de un solo día de conocerlo, me parecería imposible que hasta entonces hubiera podido vivir sin él. El embarazo lo viví siempre como un proyecto que va cristalizando y que nunca acaba de perder su profunda emoción, porque nada hay repetido en el hecho de que lo sea.

Todavía hoy guardo el alma de plomo de aquella foca. El cuerpo, su piel, sus ojillos de perla negra y sus bigotes fueron pasto de aquel cachorro llamado Tristán, destrozón hasta muy avanzada edad, al que nunca le hubiera perdonado tal sacrilegio de no haberse convertido en un miembro de la familia que nació un poco más tarde que los últimos hijos y, con ellos y con nosotros, permaneció hasta el mismo día de su muerte. Sólo por eso lo perdoné igual que perdoné a los hijos cuando nos destrozaron unas copas de cristal jugando al fútbol en el comedor o el salón, o a las hijas el día que perdieron aquel pañuelo de Hermés que un día me había regalado el socio de mi marido y que ellas cogieron del cajón sin mi permiso. Sólo por eso.

¿Por qué los hijos?

Para la mayoría de los padres el hijo es un complemento de su vida familiar. Pero en muchas sociedades se desean los hijos porque contribuyen al aumento de la riqueza, como mano de obra o como herederos de negocios, talleres, oficios o imperios que un día habrán de regir si los padres han sido capaces de enseñarles lo que ellos mismos han aprendido y practicado. Aunque no siempre salen las cosas como las desean los padres. Recuérdese el refranero popular: «Padre jornalero, hijo millonario, nieto pordiosero.» Para esos padres el hijo supone una especie de continuación de la propia vida, una entrada en la eternidad, como si se alargase nuestra permanencia en este mundo y no todo fuera a desaparecer engullido por el deterioro y el olvido. Hay padres que cifran ese afán de perennidad en que no se pierda su apellido, o su empresa, o su estirpe, o su modo de ser y de hacer, de los que se sienten orgullosos hasta el punto de creer que el mundo difícilmente podrá continuar sin ellos.

Dice Josefina Aldecoa, creo que en su última novela, *La fuerza del destino*, que morir es despedirse de uno mismo, una espléndida y definitiva definición de lo que es la muerte. Y pensando en ella me ha parecido entender un poco más el deseo del hombre de dejar en este mundo una obra que lo sobreviva, como si, convencido de que ha de separarse de sí mismo, por lo menos no tuviera que hacerlo de los demás. Y con esa obra, sea de arte o de industria, y más aún si recoge la historia de la estirpe, permanecer, quedarse en la tierra mucho más allá del día de la muerte para seguir estando presente en un futuro incierto que apenas puede imaginar.

Eso es lo que son para muchos padres sus hijos: una mera forma de permanecer, aunque la razón les diga que nadie permanece más tiempo por muchos hijos que haya tenido y por muchos hijos que hayan tenido los hijos de sus hijos, hasta la cuarta o la quinta generación, pero así lo creen los que creen en las estirpes, en las familias, en los blasones y en las herencias.

Se comprende, pues, que cuando un hijo se niega a seguir el camino que le impone el padre con todo lo que comporta, sea su oficio, su negocio, su profesión o su marquesado, reciba la maldición de su progenitor que se considera ultrajado y ve a su hijo como un traidor, y le hace culpable de esa segunda muerte que es la imposibilidad de continuar en el mundo de los vivos. Y como lo único que le queda es su dinero, carcomido por la desesperanza, deshereda al hijo y se enfrenta a la verdadera muerte, el olvido.

Cerca de mi casa, en el Ampurdán, siguiendo el camino que lleva a la montaña, vivía un payés propietario de una hermosa masía con varias hectáreas de terreno cultivable y otras muchas de bosque. Había dedicado toda la vida al ganado y al cultivo de la tierra, y alrededor de la casa había construido una serie de corrales para cobijar a los animales, y cobertizos para el forraje y los útiles de labranza, y había cavado varios pozos que le daban agua abundante para las huertas. Su casa se había convertido en una verdadera casa de labor que los tenía ocupados a él y a su mujer todas las horas del día y muchas de la noche. Arriba y abajo del camino circulaban camiones llenos de animales, jarras de leche y heno. El payés, que había heredado de sus padres una finca de secano y con su esfuerzo la había convertido en una granja, estaba muy satisfecho de sí mismo. Pero sus hijos, cansados de trabajar de sol a sol, habían encontrado un empleo en el pueblo más cercano, el uno como mecánico y el otro como albañil. No les iba mal, ganaban su dinero, tenían sus días de fiesta, e incluso se iban de vacaciones al Pirineo o a Andalucía, de donde eran sus mujeres, lo que jamás habrían ni soñado sus padres. Y sólo se acercaban a la masía muy de tarde en tarde. El payés y su mujer se iban haciendo viejos. Un día, yendo de paseo, lo encontré cargando hierba para los conejos ante uno de los cobertizos, se sentó un minuto en un pretil y me invitó a tomar un trago del porrón que siempre tenía cerca. Parecía cansado, y al cabo de un momento yo le pregunté por qué trabajaba tanto, por qué no lo ayudaban sus hijos. Él se quejó con amargura de lo solo que se sentía y de la falta que le hacían los dos.

—Trabajo hay, no para dos sino para cuatro o para seis —dijo—, pero el caso es que se han ido y está cada uno en lo suyo.

—¿Pero por qué se han ido? —le pregunté yo.

—Porque dicen que en el pueblo les dan un sueldo.

—Claro que les dan un sueldo. Y usted, ¿por qué no se lo da?

El payés me miró extrañado.

—¿Yo? —dijo—. ¿Yo? Yo no quiero un jornalero, lo que quiero es un heredero.

Así resumía el hombre lo que esperaba de los hijos. El sueldo era de jornaleros; si se avenían a ser sus herederos no hacían falta sueldos, porque de la casa vivirían, de la casa que sería suya. Esto sí, tendrían que llevar a cambio la misma vida de esclavos de sol a sol, domingos incluidos. No me fue difícil comprender a los hijos.

———

Otros padres, en cambio, desean tener hijos porque están convencidos de que son una bendición y creen de veras que llegan con un pan debajo del brazo. No un pan en el sentido material, como defienden los que creen en el refrán, sino en un sentido mucho más amplio y más remunerador. Los hijos, piensan, serán una compañía, una fuente de alegría y el sostén de mi vejez.

Los hijos pueden ser y de hecho son muchas veces una bendición, pero también pueden llegar a ser una fuente inagotable de conflictos y de odios desatados, envidias y, por qué no, incluso crímenes, como vemos a diario en las noticias. Pero vamos a dejar esos casos más extremos. Lo que es cierto es que los hijos no vienen con un pan debajo del brazo, ni hay que confiar, como nos demuestran las decenas de millones de seres que mueren cada año de hambre, en la extendida invocación «Dios proveerá».

Los hijos no vienen con un pan debajo del brazo ni en un sentido metafórico, ni en un sentido más real. Un hijo es el trabajo, el anhelo, la zozobra de toda una vida, de cada día, minuto a minuto, a partir del momento en que asoma en nuestra vida como un pro-yecto, una decisión, cuando sentimos sus primeros contactos, en el instante que despunta a la vida donde habrá de crecer y convertirse en un adulto mucho más adulto de lo que nosotros somos en el momento de concebirlo. Lo que sí es cierto es que la presencia del hijo o de los hijos estimula en algunos padres la ima-ginación para hacerse con lo necesario y poder edu-carlos y atenderlos, y a otros les da fuerzas para sopor-tar una situación laboral insatisfactoria sin la cual no tendrían posibilidad de llevar los hijos adelante.

Y muchas veces es por estas razones por lo que los hijos pasan de la bendición que se había esperado a ser decididamente una carga. Casi siempre son los hijos no deseados, los que nos han sorprendido por-que no habíamos tomado las precauciones necesarias o porque no quisimos utilizar los anticonceptivos por motivos religiosos o sociales o quién sabe si incluso creyendo, como algunos creen, que son perjudiciales para la salud. Porque si bien es cierto que en los primeros momentos se acoge al hijo no deseado con todo el cariño de que se es capaz, también lo es que los problemas, ocultos por aquella emoción primera, afloran de nuevo con mayor fuerza y ponen de manifiesto la difícil situación en la que se encuentra la madre, el padre o los dos para atenderlo, sea porque no les alcanza el tiempo, el dinero, el humor o porque les agobia el cansancio. Y por mucho que lo quieran no hay forma de pensar en ese hijo como en una bendición. Entonces es cuando se convierte en una carga, y los padres lo viven como tal, y el niño, por pequeño que sea, lo intuye a su manera y comienzan los conflictos emocionales y psicológicos más íntimos que unos y otros arrastrarán toda la vida.

De ahí que sea tan importante en la vida de los padres, y en la de sus futuros hijos, que sean el fruto de una libre decisión.

Y, finalmente hay quien cree que los hijos son el complemento del amor. Los que así piensan por fuerza han de tener una especial vocación familiar y entender el amor sólo en el seno del matrimonio y de la familia, los que no lo creen, en cambio, son capaces de buscar en todo el mundo hasta encontrar ese complemento con tal de que la casa no se les llene de unos niños que, a su modo de ver, no harán sino distorsionar una vida de complicidad y amor.

Pero aparte de los casos en que los padres deciden no tener hijos y conocen las razones de su negativa, en general los que se inclinan por la paternidad o la maternidad aducen razones muy difusas y bastante complejas, que sólo se concretan en el momento de detenerse en la procreación, es decir, cuando deciden que con un hijo único, o con dos o con tres tienen más que suficiente. No olvidemos que todavía hay muchas parejas, no de hecho por supuesto, sino cristianas y como tal formando un matrimonio, que están dispuestas a tener todos los hijos que Dios les envíe. Esto dicen. A mí me cuesta creer que esta proclamación se corresponda con la realidad, porque los hijos que Dios quiera podrían llegar a veinte o treinta, como ya hemos dicho, y si ésta es la voluntad de Dios, que por cierto nadie sabe cuándo lo dijo, ni por boca de su Hijo ni por boca de los profetas, todos los métodos que se utilicen para evitarlos son contrarios a su santa voluntad, incluso la más rigurosa abstinencia que tanto predican sus ministros.

La vida hoy en día es no sólo difícil, sino que además está llena de atractivos, estímulos y alicientes que no se llevan bien con la presencia de una multitud de hijos. Y es natural que habiendo tan pocas facilidades colectivas o comunitarias, las mujeres decidan que con un hijo, o como mucho con dos, les basta.

Hay otras personas, entre las que me cuento, que han deseado tener varios hijos no porque les gusten los niños de una manera especial, sino porque les gustan las familias y les parece que cuanto más numerosas más familia son. Sin embargo, todos sabemos que esto no es cierto. No quiero poner como ejemplo a una familia que conocí de dieciocho hijos que vivían todos bajo el mismo techo sin hablar unos con otros. La casa parecía un nido de víboras que sólo salían de su mutismo y de su agujero para zaherir y envenenar al que tuvieran delante, ante la atónita mirada de unos padres que no entendían lo que había ocurrido para que sus hijos se odiaran tanto. La muerte, ocurrida casi al mismo tiempo, les ahorró ver el espectáculo de sus propios hijos destrozándose y gastando en abogados y pleitos la pequeña parte de la herencia que les había correspondido.

O el ejemplo de aquellos dos hermanos que permanecieron en la casa familiar aun después de la muerte de los padres viviendo de las rentas que les daban los bienes que habían heredado. Por una discusión nimia sobre las letras y los acentos de su apellido dejaron de hablarse un buen día aunque siguieron comiendo en la misma mesa y compartiendo techo y hacienda sin volver a dirigirse la palabra ni una sola vez.

—Dígale a mi hermano que esta noche no cenaré en casa —decía uno a la vieja criada de toda la vida.

Y la vieja criada, sin moverse de donde estaba, daba el mensaje al hermano que por el mismo conducto le respondía.

Y así hasta que murieron.

———————

La mayoría de enfrentamientos y disputas entre hermanos tienen su origen en el dinero, lo reconozcan ellos o no. El pretexto es siempre de otro tipo: desavenencias entre las familias políticas, viejas cuestiones de la infancia sin resolver y abusos, pero lo que de verdad se dirime y lo que separa a estos hermanos es el dinero. Y cuanto más numerosas son las familias, más difícil parece que se entiendan.

Así sabemos, porque la experiencia nos lo demuestra, que una familia numerosa no tiene por qué ser mejor que otra con dos hijos e incluso sin ninguno, pero el sentimiento es ése, tal vez porque siempre nos hemos hecho a la idea de la diversión que supone compartir juegos, veranos, cenas y domingos con hermanos y padres, o quizá porque los que no hemos tenido una familia y somos un poco megalómanos cuando nos llega la hora de decidir, tenemos tendencia a construir y a solucionarlo todo por la vía de la exageración, el exceso y la hipérbole.

Es cierto que desde niña yo quería tener muchos hijos y que fui fiel a ese deseo durante bastantes años. Pero cuando ya tuve varios comencé a darme cuenta de que había muchas otras cosas en este mundo que deseaba conocer y vivir, y que había llegado el momento de descubrirlas y realizarlas.

Tuve la suerte de que me tocaran los últimos años en que las mujeres de la clase media y burguesa, que se correspondería a una gran mayoría de las mujeres de hoy, podíamos contar con ayudas, ayudas de familiares, de asistentas y también de monjas. Había órdenes que se dedicaban a ir por las casas, cobrando un precio muy asequible por cuidar niños y ancianos. Nosotros tuvimos una de esas monjas que fue a casa durante los tres primeros meses de vida de los gemelos que habían nacido un año después del tercer hijo. Era una delicia, llegaba a las seis de la tarde y se iba a las seis de la mañana. Como los niños nacieron con muy poco peso, había que darles el biberón cada dos horas, día y noche, con lo cual la monjita, que se había traído un libro de rezos, no pudo sentarse ni una sola vez en el sofá naranja, junto al cual habíamos puesto las cunas, porque no le alcanzaba el tiempo para dar el biberón, cambiar al niño, dar el biberón a la niña, cambiarla y vuelta a comenzar. A las seis de la mañana se iba a su convento a dormir, supongo que no sin antes haberse puesto al día de los rezos que le habían quedado pendientes en aquellas noches tan atareadas.

No sé si hoy existen esas órdenes, pero si las hubiera estoy segura de que sus tarifas serían mucho menos asequibles para la inmensa mayoría de parejas. No es que cualquier tiempo pasado sea mejor, sino todo lo contrario, pero sí es cierto que por malo que sea todos tienen sus pequeñas ventajas. Yo aproveché las que pude, como hago ahora, como hacemos todos. Lo hice para llevar a cabo uno de los más poderosos anhelos de mi vida, la formación de una familia que, a pesar de todas sus dificultades, viví con pasión y entusiasmo. Tal vez por esto, tal vez porque no tuve una familia de la que aprender y a la que imitar, ni recibí el traspaso de conocimientos no explícitos que van de padres a hijos, durante toda mi infancia mitifiqué la familia y eché de menos cada día lo que jamás había conocido. El deseo se incrementó de tal forma que, a la edad en que las chicas tienen otros objetivos, yo vivía para el mío. Nunca hice partícipe a nadie de lo que deseaba, pero todos mis movimientos, todos mis actos y mis pensamientos estaban dedicados a prepararme para lo que yo, en mi inocencia y mi capacidad de exageración, creía que correpondía al concepto de familia perfecta. No contaba con nada más que con mi propia voluntad.

Afortunadamente para mí, el internado donde viví hasta los diecisiete años no basaba la educación ni la instrucción en trasnochados principios morales, sino litúrgicos y estéticos, así que mi imaginación volaba por los ensueños del futuro sin fronteras ni trabas. Y cuando llegó el momento, y surgieron los escollos con los que no había contado, permanecía tan vivo el deseo de que mi objetivo se cumpliera, que nunca perdí la capacidad de inventar, de rectificar, de reordenar mis ansias para adaptarlas a las nuevas circunstancias, casi del mismo modo que cuando era niña fabulaba sobre lo que sería el futuro, mi nueva casa, mi nueva familia, es decir, mi casa, mi familia.

La edad de tener hijos

En países más adelantados se ha ido imponiendo la maternidad a una edad cada vez más avanzada. A ello ha colaborado la entrada de la mujer en el mundo laboral y, fundamentalmente, una permisividad mucho más acentuada de la sociedad en lo que se refiere a las relaciones sexuales. No hace aún demasaiado tiempo los jóvenes se casaban, entre otras cosas, porque no tenían otra forma de practicar el sexo de forma habitual y normal ni otro lugar relativamente decente que su propia casa. Los hombres lo tenían más fácil, pero a la mujer que practicaba por puro placer la vida sexual con quien le apeteciera la sociedad la incluía en la categoría de prostituta.

Un pintor italiano que rondaba por Barcelona en los años setenta vivía desde hacía varios con una chica con la que formaba una pareja muy estable. Un día ella decidió que había llegado el momento de casarse y de tener hijos. Y se lo propuso, pero él se negó con el argumento de que ella no era virgen y por lo tanto su familia italiana nunca se lo permitiría.

—Pero si perdí la virginidad contigo —exclamó ella.

—Ya lo sé —respondió él—, pero no eres virgen y esto es lo que cuenta.

Se separaron y él se casó al cabo de un tiempo con una chica virgen y ella con otro italiano menos convencional.

Este ejemplo parece hoy exagerado, pero en las capas más profundas de la sociedad sigue persistiendo la idea de que el sexo, para ser decente, ha de practicarse dentro del matrimonio. Lo que ocurre es que, guste o no, las costumbres van cambiando y tanto los que han de casarse como los que quieren tener relaciones sexuales normales piensan ya de otra manera.

Durante los ominosos años de la dictadura, las parejas de las ciudades donde había puerto de mar tenían la solución de los *meublés*, hoteles de día y de noche a los que se podía ir unas horas. La entrada era muy discreta y una perfecta organización interna evitaba los encuentros. Los coches se aparcaban en garajes privados o, si el *meublé* era más económico, en un garaje común pero separados por cortinas para que nadie pudiera verlos y reconocerlos. Nadie comprendía por qué estos hoteles estaban permitidos en Barcelona y Valencia, por ejemplo, y en cambio era imposible encontrarlos en las ciudades del interior. Tal vez había alguno aislado pero no entraban, como en otras partes, dentro de la normalidad. Se decía que los puertos de mar no tenían permiso pero gozaban de cierta permisividad, porque se suponía que los barcos que atracaban en sus muelles lanzaban a la ciudad cientos de marineros con necesidades sexuales apremiantes y que peor era dejarlos sueltos en la calle. Tampoco se comprendía por qué las necesidades de los ciudadanos no se consideraban apremiantes y en cambio sí las de los marineros. El caso es que así era. En los hoteles de turismo, por ejemplo, pedían siempre la documentación, y como en España la mujer conserva su apellido y jamás figura el nombre de su marido en el pasaporte ni en el documento nacional de identidad —una de las muestras de progresismo que la burocracia franquista se olvidó de revocar—, las parejas estaban obligadas a enseñar el libro de familia. Por lo tanto, si no se conocía al dueño del hotel, y aun así, no había forma de conseguir una habitación y menos si era por horas.

La imaginación que desplegaban las parejas para encontrar ubicación es sólo comparable a las dificultades que se les ponían. Porque por si fuera poco también en las ciudades con puerto de mar que tenían sus *meublés* había mujeres que se negaban a frecuentarlos aduciendo que no eran lugares «apropiados», como si quisieran dejar claro que lo que a ellas les movía a acostarse con ese hombre no era, como en los casos de las demás, las ganas de hacerlo, sino el «amor», la eterna justificación de la infidelidad en aquellos años mojigatos, como si la sexualidad necesitara un móvil más poderoso, más celestial. Yo tenía una amiga que había ido a un hotel enroscada dentro del maletero del coche de su amante, había esperado a que él rellenara los papeles aparcada en la calle y, cuando habían ido al garaje a dejar el coche, se había escurrido a los ascensores y de allí había ganado la habitación. Y lo mismo a la salida.

Los aires de libertad, y con ella de libertad sexual, que nos llegaban del movimiento que invadía el mundo en los años sesenta, debió encontrar en las ciudades con puerto de mar más facilidades para llevarla a la práctica, porque en aquellos momentos eran muy pocos los ciudadanos y las ciudadanas, sobre todo jóvenes, que disponían de estudios y menos aún los que vivían solos.

Por suerte todo esto ha cambiado y jóvenes y mayores pueden tener la vida sexual que les plazca incluso con el consentimiento de los padres en cuya casa viven todavía, sin que por eso se hunda el mundo. La publicidad contra el sida se dirige especialmente a esos jóvenes y, si se los previene de los peligros que puede acarrear el sexo de no tomar precauciones, es precisamente porque se da esa libertad sexual tan temida por los poderes religiosos del mundo.

En los países más adelantados ya no valen las imposiciones, hasta en esto somos injustamente privilegiados. Y cada vez estamos menos sometidos a voluntades ajenas a nuestro sentir. Hoy, la familia española no sólo ha reducido drásticamente el número de hijos y los ha adecuado a sus posibilidades y sus medios, a su programa de vida y a su más profundo sentir, sino que ha retrasado su llegada y a veces la ha pospuesto tanto que finalmente ha renunciado a ella.

Porque no todo es tener hijos en esta vida, se dicen muchas mujeres. Vivimos una sola vez y nuestro paso por este mundo es tan breve y gastamos tanto tiempo en trabajar para adquirir los productos que las multinacionales del marketing han convertido en indispensables y para alcanzar un nivel de vida que, según nos han hecho creer, es el que nos merecemos, que apenas nos queda tiempo para llevar a cabo otros proyectos. Y si además dedicamos nuestra voluntad y nuestro entendimiento, nuestro trabajo y nuestras esperanzas, a un ejército de niños, las mujeres no sólo tenemos vedado salir al mundo del trabajo sino que no nos queda más remedio que renunciar a muchas de nuestras aspiraciones y perder para siempre la posibilidad de descubrir nuestras vocaciones ocultas y dar rienda suelta a una capacidad de placer y de conocimiento que, aunque dejemos para más adelante cuando ya los hijos se hayan ido, acusará siempre la falta de desarrollo que perdió en aquellos primeros años.

Éstas son las reflexiones que se hacen las mujeres de hoy. Y tal vez por esto no tienen prisa en tener hijos y espacian los dos o tres embarazos que entran en sus planes para dar tiempo a que se consolide su situación laboral o su carrera profesional, y no verse obligadas a volver a comenzar de cero el día que den por terminada su fase reproductora.

Pero volvamos a la edad de tener hijos. Por razones personales yo defendí durante muchos años que había que tenerlos muy pronto y así disponer de tiempo para uno mismo cuando crecieran y se fueran a vivir por su cuenta. Lo defendía porque era lo que yo había hecho, mejor dicho, lo que me había ocurrido a mí. La elección, sin embargo, corresponde a cada cual y objetivamente no hay forma de saber qué es lo mejor. Y me doy cuenta ahora de que cada persona elige no tanto según su voluntad sino según sus posibilidades, su plan de vida, sus apetencias y también, de vez en cuando, dejando que sea la naturaleza la que decida por ella.

Tener los hijos muy joven tiene, es cierto, sus ventajas. A los cuarenta años los hijos tienen veinte y se es libre, como si se volviera a la primera juventud; libre para emprender una nueva vida, para hacer todo lo que el tiempo que hemos dedicado a los hijos nos ha impedido hacer. Se es muy joven aún y se tienen ganas de salir, de trasnochar, la curiosidad está viva y también las ganas de descubrir y de seducir; se cree uno todavía capaz de todo, o de casi todo, pero ¿quién nos devuelve aquellos años de juventud, casi de niñez, que dedicamos a los biberones, a los pañales, mientras nuestros amigos y amigas bailaban y se divertían, o investigaban o escribían páginas que creían inmortales? Los veinte años, los veintidós e incluso los veinticuatro, no están hechos para la contención y la responsabilidad, sino para el descubrimiento y la holgura.

Aunque es cierto que hay formas de ser para todo y elecciones justas y adecuadas, por distintas que sean, en cada edad, incluso en mujeres que también les apetece jugar a la maternidad como una continuación del cuidado que han tenido con esas muñecas que sus propias madres y maestras pusieron en sus brazos, seguramente para enseñarles desde muy pronto el camino que se esperaba que recorrieran.

En mi impaciencia por tener mi propia familia, tal vez me precipité en tener los hijos que deseaba. De todas formas eran unas épocas en las que, no a los dieciocho o a los veinte años, pero las mujeres en general tenían los hijos mucho antes de lo que los tienen hoy en día. Así que no fue solamente una elección, sino que las circunstancias decidieron por mí porque, aun queriéndolo, no habría sabido en aquel momento cómo luchar contra ellas e imponer mi voluntad, de haber sido otra. Tal vez el mal está precisamente en esa mezcla de inocencia y necesidad con la que se elige cuando todavía se es muy joven, de tal forma que la verdadera elección, la que conlleva una reflexión sobre la maternidad y el conocimiento del plan de vida que uno se haya impuesto o de la carrera a la que se quiere dedicar, son proyectos que no estarán terminados hasta un poco más tarde; pero, en cambio, la decisión hay que tomarla desde el principio. De ahí que muchas mujeres no tomen ninguna, sino que se limiten a posponerla. Luego la vida se va complicando, la vida laboral y sentimental también, y cada vez se hace más difícil sentarse a tomar la decisión de renunciar definitivamente al hijo o de tenerlo ya, como si nunca fuera el momento adecuado, como si todavía quedara mucho tiempo por delante. Sin embargo, los años corren deprisa y muchas veces, cuando nos paramos a pensar, nos parece que ya hemos llegado demasiado tarde, y nos damos cuenta de que el tiempo de la decisión ha pasado.

Tal vez sea ésta una de las causas por las que en

este país cada vez nacen los hijos de madres más mayores, y de que nazcan también menos. Tal vez.

En mi impaciencia, decía, de tener mi propia familia, es posibe que me precipitara. Recuerdo la tristeza que me producía saber lo que hacían mis amigas incluso en aquellos tiempos tan recatados, fiestas, amoríos, deportes, viajes, todo lo que me contaban que hacían mientras yo me dedicaba a cuidar de los dos hijos pequeños que tenía entonces que, aunque como ya he dicho, no nos faltaban ayudas, exigían atención, por lo menos la presencia constante en la casa, porque a nadie se le hubiera ocurrido que podía irme no ya a trabajar sino simplemente al cine sola, o a una fiesta con mis amigas. No fue hasta más tarde cuando me di cuenta de que los tormentosos malhumores que me asaltaban de vez en cuando tenían su origen en ese descalabro de tiempos, en que me veía obligada a actuar como una persona mayor, madura por lo menos, con sus responsabilidades familiares y hogareñas, cuando en realidad lo que tenía ganas era de desarrollar los ímpetus y las ganas de vivir que las paredes de mi propia casa, con ser las que yo quería, y la vida que llevaba, con ser también la que yo había elegido, se erigían como barreras infranqueables para esonderme mundos desconocidos y para convertir el mío en un lugar estático, inamovible, inmutable. Fue por aquella época, con tanto tiempo libre, mientras esperaba que los niños se despertaran para llevarlos al parque, cuando me di cuenta de que había algo en la condición que se exigía de las madres de familia que yo nunca podría aceptar. Eran actividades representativas, por decirlo de algún modo, como vestir de señora, asistir a determinadas fiestas sociales, veranear en lugares concretos. Por ejemplo, llevar a los niños al parque.

No recuerdo nada tan profundamente aburrido como, día tras día, arrastrar un cochecito con un bebé en él y otro niño caminando despacito agarrado a mi mano o a mi falda, atravesar una calle tras otra para acabar sentada en un banco esperando a que pasaran las horas sin hacer nada, para volver a casa. Hacer nada divertido, me refiero, por ejemplo, leer. No era posible, porque cuando un niño no lloraba, lloraba el otro, y cuando uno se había dormido en el coche, el otro, que no llegaba a los dos años, se había escapado y andaba cerca del estanque y había que ir a rescatarlo. Pero esto por lo menos era una actividad. Lo peor era cuando no pasaba nada, el niño jugaba con la arena bajo mi vigilancia y la niña dormía plácidamente en el coche. Y yo, con un ojo en uno y el otro en otra, veía pasar el tiempo y me preguntaba si toda mi existencia tendría para siempre ese tono sosegado e inamovible, esa falta de aliciente, ese sopor en el que me sumía cuando entraba en el parque. No entendía cómo había mujeres que parecían contentas, nunca lo entendí. Incluso probé a hacer punto como alguna de ellas que vigilaba a sus hijos mientras, con ese aire de aprovechar el tiempo que tienen las mujeres que hacen punto en lugares públicos, movía con ritmo el índice para acompañar la hebra de lana cada vez que pasaba un punto. No podía, se me escapaban los puntos, se me caía al suelo la madeja, el niño tiraba de la aguja y yo seguía con el cósmico aburrimiento de siempre, al que se le había añadido una solapada irritación.

Por hacer algo, intenté incluso aprenderme los

nombres de los árboles del parque y me compré un libro de botánica elemental con sus dibujos de hojas, de copas y de troncos, y fotografías de bosques de hayas y encinas. Un día o dos funcionó, pero al siguiente me di cuenta de que no había tantas clases de vegetales en aquel parque y en cuanto hube descubierto los chopos, las mimosas, los pinos, los eucaliptus, los árboles de la pimienta y alguno más que no recuerdo, y hube hecho el recuento de adelfas, azaleas, lotos y hortensias, dejé el libro en casa y así tenía un trasto menos que cargar en la bolsa del cochecito: pañales para el bebé, cubo, pala y rastrillo para el niño, una manta por si se levantaba el viento, la merienda y yo qué sé cuántas cosas más. El tiempo seguía sin moverse. Cada vez que miraba el reloj la aguja apenas había avanzado. Hice muchas veces el esfuerzo de estar un buen rato sin echarle una ojeada, incluso contaba hasta cien o hasta doscientos. En vano. Como si se hubiera detenido en una hora, la aguja seguía inamovible, y poco a poco el aburrimiento se iba convirtiendo en melancolía y en nostalgia de todo lo que no había vivido y nunca viviría ya. Imaginaba el mundo ancho y maravilloso como si yo no formara parte de él, y veía en mi imaginación sucederse los acontecimientos que había leído en el periódico tan al margen de mi vida que yo ni siquiera era capaz de entenderlos. Pensaba en mis amigas que tal vez estuvieran estudiando, preparándose para un examen, aprobándolo, o bien yendo a bailar o hablando por teléfono con un nuevo novio, y me parecía imposible que, como me habían dicho muchas veces, envidiaran mi situación. Me entretenía tanto en esa nostalgia, y me daba yo misma tanta pena, que a veces sentía en los ojos el comienzo de unas lágrimas y en el alma una poderosa premonición según la cual ya nunca iba a ocurrir nada, todo sería igual hasta el día de mi muerte, hasta que la caja que contenía mi cuerpo saliera por la puerta del piso donde vivía. Porque en el parque mi esperanza se secaba y ni siquiera me parecía posible que fuera a producirse el cambio más elemental, como que los hijos crecieran o llegara el verano, o tal vez la semana próxima lloviera y pudiera quedarme en casa.

Por fin, a veces luchando por contener esas lágrimas cuyo origen no quería aceptar convencida como estaba de que no se correspondían con el estado en que me encontraba ni con el conocimiento que yo creía tener de mi propia situación, y porque no sabía entonces que también se puede llorar de aburrimiento, volvía a casa por el mismo camino, pasando ante las mismas tiendas, deteniéndome ante los mismos guardias de la circulación, incapaz de imponer un poco de variedad al recorrido que tal vez habría distraído mi atención de tan confusos pensamientos.

Por si fuera poco, ir al parque y estar en él, además de aburrimiento me producía sentido de culpabilidad. Me decía a mí misma: ¿qué más quieres que estar aquí con tus hijos, tan monos, tan simpáticos, con esos vestiditos tan deliciosos que les han regalado sus abuelas? ¿Qué más puedes desear? Fíjate en cómo crecen, en lo distintos que van siendo, en lo que hacen, cómo aprenden a hablar, a caminar. Pero no me servía de nada. Los miraba durante un momento y al cabo de un rato volvía el aburrimiento. Yo creo que era el parque y el hecho de sentarme en aquel banco. Todavía hoy no entiendo por qué me había tomado ir al parque como una obligación incuestionable, igual que veía hacer a todas las madres a mi alrededor. Sí. El banco debía ser el culpable, porque nada me ha gustado más que ver crecer a mis hijos, contemplarlos y compararlos en situaciones distintas, verlos y, si no estaban presentes, imaginarlos, con sus primeros amores, o antes, jugando al fútbol, en el colegio, esquiando, nadando, caminando o hablando y discutiendo. Pero lo del parque era superior a mis fuerzas. Todavía hoy, cuando la memoria me muestra la imagen de aquella mujer que fui, sentada bajo el mismo sauce día tras día, tengo la impresión de ser la estampa de la derrota y me parece milagroso que haya sido capaz de salir de aquel hoyo de aburrimiento y desesperanza. Porque salí: un día me levanté y, aun admitiendo, no sé muy bien por qué, que dejaba de cumplir con mi deber, decidí que al parque no volvería así se hundiera el mundo, que los niños podían tomar el sol y jugar en la minúscula terraza del piso en que vivíamos, y que aunque no me dejaran tiempo para hacer otra cosa, por lo menos no tendría que ir al parque, sentarme en un banco a contemplar cómo se alargaban los minutos y las horas sin que se les viera el fin.

Y no volví. Aquello coincidió con otros actos de rebeldía que cometí por aquel tiempo. Contra nada y contra nadie, es cierto, porque nadie me obligaba a ir, pero yo lo viví como una victoria, y confusamente comprendí que era una victoria contra mí misma y contra esa aceptación tácita de modos y costumbres que hacemos nuestros sin entender su utilidad, sin que nos gusten, sólo porque así se hace en la sociedad donde hemos nacido. Y una victoria también en favor de mi otro yo, del que no había tenido aún la posibilidad de salir a la luz pero que comenzaba a asomar con timidez. En último término, en favor de mi propia libertad. Victoria modesta si bien se mira, pero reconfortante.

Sin embargo, me quedó tal encono contra los parques que aún hoy los bordeo siempre que puedo, y si no tengo más remedio que atravesarlos, surge aquella sensación olvidada ya, como una bocanada inconsciente, como un mal sueño que se escurre en mi vida de hoy para recordarme lo que de verdad es el aburrimiento, la inutilidad, la sensación de bancarrota que se tiene cuando estamos convencidos de que nada va a ocurrir. Y quizá fue por esto que muchos años después, cuando ya había aprendido a no aceptar más que lo que creyera justo y adecuado a mi condición, elegí ponerle a mi barca el nombre de *Lo Steddazzu*, el título de un poema de Pavese que me había conmovido más que ninguno y cuyos últimos versos decían así:

Non c'é cosa piu amara
que l' ora di un giorno
in cui nulla accadrá,
non c'é cosa piu amara que l'inutilitá.

Pero no todo son desventajas a la hora de tener los hijos muy joven. El hecho de que a los treinta y cinco años se tengan hijos de quince o dieciséis no lo es, por ejemplo. A la capacidad de compartir que se supone que los padres han de desarrollar para no sentirse en un mundo distinto del de sus hijos, se añade el hecho de pertenecer casi a la misma generación o por lo menos a una generación más cercana. Aparte de compartir músicas, gustos, incluso opiniones sobre hechos ciudadanos o de política, parece más simple el entendimiento entre unos y otros y se desdibujan un poco los papeles que la sociedad desde tiempo inmemorial ha adjudicado a los hijos y a los padres. Claro que esto es sólo en la teoría. Todos conocemos a padres que, incluso si se llevan muy pocos años con sus hijos, están convencidos de que tienen que alardear de autoridad y van por la vida familiar cargados de razón sin aceptar los argumentos de los hijos ni dejar que se ponga en entredicho una orden dada en aras de esa malentendida autoridad. Pero no es de éstos de los que hablamos, sino de los padres que saben y aceptan que el respeto que los hijos les deben es el mismo que ellos han de tener con sus hijos. Es un error creer que los deberes y los derechos entre padres e hijos no son del mismo tenor. Es más, creo que uno de los deberes fundamentales y suplementarios de los padres es velar porque esos derechos y estos deberes sean iguales para todos, por supuesto adaptados a las edades correspondientes.

Recuerdo el día en que uno de mis hijos me hizo una escena porque salía a cenar fuera. Lloraba desconsoladamente, sin razón alguna puesto que de todos modos yo me estaba yendo a la hora que él se iba a la cama. El llanto no respondía a nada más que a cansancio y a esa pequeña rabieta que se permitía hacer de vez en cuando. Y cuando le recordé que él ya estaba en la cama y que pronto se dormiría, me llegó a decir como si fuera un argumento incontrovertible:

—Aunque yo me duerma, quiero que estés aquí.

Los demás escuchaban para ver en qué pararía aquel enfrentamiento, porque sabían que yo no hacía demasiado caso de los llantos cuando estaban cansados ya que en cuanto caían en la cama se les pasaba. Pero ese día el niño insistía demasiado. Le dije que le dejaría mi almohada pequeña a pesar de que no le tocaba a él, sino a su hermana, que aunque de mala gana se había avenido al cambio. Se la di, pero no la quiso. Era una almohada pequeña, de plumón, con una funda de batista, usada y manoseada pero suave y mullida, que había conocido lágrimas, babas y mimos de cada uno de los hijos desde su nacimiento. Se la dejaba cada día que salía a uno de ellos en riguroso orden, y al llegar yo misma la recogía y me la llevaba a mi cama. Se la volví a dar para ver si lo apaciguaba y tampoco sirvió, así que la pequeña se escurrió detrás de mí y se la llevó a su cama.

Entonces me puse seria y le dije:

—En esta casa, bien lo sabes, todos somos libres y hacemos lo que creemos que tenemos que hacer. Tú también lo vas haciendo cada vez más a menudo y un día llegará en que tendrás toda la libertad para hacer de tu vida lo que quieras. Igual que llegará un día que conducirás un coche, te irás de juerga por la noche o te quedarás investigando en un laboratorio o en una biblioteca. O cualquier otra cosa que quieras hacer. Pero para que así sea, yo también tengo que ser libre, yo también tengo que decidir lo que puedo y lo que no puedo hacer, lo que quiero y lo que no quiero hacer. Si yo no fuera libre, tú jamás aprenderías a serlo.

No sé si lo entendió, y ni siquiera sé si estuve acertada al decírselo. El niño no debía tener entonces más de once años, y mientras bajaba en el ascensor me preguntaba si lo habría comprendido o lo habría tomado como una justificación. Pero el caso es que se había callado y que desde aquella noche no volvió a protestar porque yo saliera o entrara. Quiero creer que aunque de una forma confusa algo debió quedarle de todo lo que le había dicho aquella noche, y de lo que en este sentido había vivido con nosotros desde que tenía uso de razón. Y sobre todo quiero creer que lo que le dije es cierto, que la libertad no es sólo un bien que hay que otorgar a los hijos, sino un derecho que alcanza a todos y que los padres tienen el deber de practicarlo porque así les corresponde y porque ésta es la mejor forma de enseñar a sus hijos a practicarlo a su vez. Quiero creer que así es, porque con los años ese hijo, igual que sus hermanos, ha demostrado que usa su propia libertad mucho mejor que yo la mía.

Otra de las ventajas de tener los hijos cuando se es muy joven es la complicidad que se crea entre ellos y los padres. No quiero decir que siempre ocurra; hay casos en que precisamente la proximidad crea competencia y a veces las madres y los padres, todavía jóvenes, se sienten tan cercanos a los hijos y a sus costumbres que la complicidad se convierte en rivalidad y los hijos sufren, por ejemplo, al verlos emulando en el vestir a los chicos y chicas de su clase. Sí, ya sé, hay de todo, pero a mí me reportó compartir grandes alegrías y diversiones. Como la de aquel día en que mis dos hijas y yo descubrimos que las tres habíamos salido con el mismo chico, cuya edad estaba entre ellas y yo. Lo descubrimos por casualidad, y en cuanto nos dimos cuenta nos brillaron los ojos de pura picardía y comenzamos a contarnos las coincidencias y diferencias de nuestros respectivos lances. Más que un intercambio de confidencias, fue la expresión de la más absoluta normalidad en nuestra amistad y en nuestra relación.

No defiendo que los padres tengan que ser forzosamente amigos de sus hijos, aunque tampoco creo que sea imposible, sino que con la cercanía de la edad tal vez haya más posibilidad de confianza porque los gustos, los problemas y las esperanzas están un poco más próximos. No quiero decir nada más que esto, y ni siquiera estoy muy segura de que siempre tenga que ser así. Pero, cuando ocurre, es un placer añadido, es la convicción profunda de que del modo más natural estamos compartiendo con los hijos otro aspecto de nuestra vida y ellos, con nosotros, los de la suya, una parte de nuestra intimidad, una parte muy cercana a nuestra condición, y ésta es una sensación única.

Cuando nuestro Romeo se enteró del descubrimiento nos envió un cuadro donde con deliciosas acuarelas había pintado un mar en calma cuyas letras, las iniciales de nuestros tres nombres, se levantaban sobre la línea del horizonte. Y debajo, la dedicatoria: «A las tres mujeres más bellas de la tierra.»

Qué es una familia

La naturaleza no ha dotado al recién nacido ni del conocimiento ni de la necesidad de ser recibido por una estructura familiar determinada, ni siquiera por su madre biológica. Si acaso le ha inculcado la apremiante servidumbre de sentirse amado y atendido. Que el padre sea uno o dos, que la madre sea una tía o una desconocida, que ambos pertenezcan o no al mismo sexo, poco importa si el recién nacido, y el niño o la niña que le seguirán después, se sienten amados, arropados, comprendidos y ayudados. Lo que influye en el comportamiento de los niños con familias distintas, y siempre lo olvidamos, es la intransigencia con que a veces lo trata la sociedad precisamente porque no pertenece a una familia convencional. Pero lo mismo le ocurre a un hijo de emigrantes entre los nacionales del país que lo acoge si sus actitudes son racistas, o igual se siente marginado el niño discapacitado si su entorno no le da las mismas oportunidades que a los demás.

Pero por dolorosa que sea esta actitud de la sociedad, nadie debería modificar su peculiar estructura familiar, aunque sí explicar a los hijos los problemas específicos con que se van a encontrar para que les afecten menos y para que aprendan a no concederles más importancia de la que tienen, a no avergonzarse ni amilanarse ante situaciones de intransigencia y a defenderse de ellas. Sólo así la sociedad, que es lenta en la aceptación del progreso, será capaz de asimilar poco a poco los derechos de los que no siguen al pie de la letra las consignas de la costumbre y del poder, sea religioso o político. Que cada cual se invente su propia familia en consonancia con su modo de ser y de comportarse, con sus creencias y con la vocación que persigue.

Para que una familia sea una familia, no hace falta que se rija por un modelo convencional. Una familia es un conjunto de personas que va desde dos hasta una pequeña multitud en la que caben abuelos, tíos y demás familiares, amigos y otras personas no forzosamente ligados por lazos sanguíneos, que tienen el deseo de compartir la vida y todo lo que esto supone, en el grado en que cada uno desee. Ser una familia es más una cuestión de voluntad que de consanguinidad. No constituyen una familia aunque así se los califique quienes están deseando separarse o irse, quienes reniegan del ambiente de su casa, aquellos a los que el hogar les pone de malhumor y se pasan la vida quejándose de su mala suerte. No puede considerarse tampoco que tengan familia los hijos de padres que se pelean y se odian, ni los hermanos que viven juntos y no se hablan, ni tampoco los que, por mucho amor que se tengan, hacen de la vida en la casa un infierno. No son familia por más que la sociedad así lo considere, ya que a todos los efectos habrá que darle un nombre a un padre y una madre y unos hijos que viven bajo el mismo techo odiándose y detestándose.

El amor, el amor pasional me refiero, es importante para formar una familia, pero no es indispensable. Más importante es el deseo de permanecer juntos por otras razones a veces tan poderosas como el amor: la amistad, la compañía, la avenencia, incluso la costumbre, la compasión y el sentido del deber tal y como cada cual lo entienda, siempre que estos sentimientos vayan acompañados de buena voluntad y de imaginación para mantener una convivencia aceptable para todas las partes.

Hay personas a las que no les gusta vivir solas y establecen con otro, u otros, un tipo de relación que bien puede considerarse familiar. De la misma forma que lo es la que forman los padres separados de hecho, que siguen juntos hasta que los hijos son mayores porque ninguno de los dos se resigna a vivir sin ellos. Si saben aceptar la libertad del otro podrán mantener una vida de familia sólida y agradable. No es fácil, pero es posible. Porque la libertad es el más preciado bien, y renunciar a ella en aras del amor o de la convivencia, a mi modo de ver, es una solemne tontería que no sirve para nada, si acaso para amargar al sometido de un modo cruel y despiadado, y llenarle el alma de frustración que un día u otro pagarán los suyos si no es capaz de separarse de su verdugo o desprenderse de las creencias que se lo impiden.

Así lo entendieron unos amigos muy queridos que inventaron un contrato el día que decidieron compartir la vida. Decía así:

En ...., a .... de .... de 199..

Los contrayentes, ambos en pleno uso de sus facultades físicas y mentales, actuando en su propio nombre y derecho, y reconociéndose mutuamente capacidad moral para obligarse, declaran:

Primero: Que la vida es hermosa y el amor un premio siempre inmerecido.

Segundo: Que la libertad es el más precioso de todos los bienes.

Tercero: Que un alma libre y un amor sin pretensiones generan siempre tolerancia y respeto.

Cuarto: Que la tolerancia, el respeto mutuo y la afinidad o compatibilidad de caracteres son fundamento esencial en la convivencia.

Como consecuencia de ello, los contratantes acuerdan:

Primero: Respetar y defender la libertad del otro contratante.

Segundo: Dar y recibir el amor como venga, y jamás mendigarlo ni exigirlo.

Tercero: Compartir sin reservas lo afín o complementario y respetar con alegría lo que no lo fuera.

Cuarto: Convivir cuándo, cómo y dónde les venga en gana.

El presente contrato sólo podrá denunciarse en su totalidad, por constituir un todo indivisible. La denuncia surtirá efecto a los quince segundos de su notificación.

En fe de lo cual, los contrayentes firman el presente documento en el lugar y fecha indicados.

Somos muchas mujeres y muchos hombres a los que no nos importaría firmar ese tipo de contrato. Parece más acertado y más propicio para el amor y la convivencia que la Epístola de San Pablo a los Efesios donde se enaltece la sumisión y el sometimiento de la mujer al hombre.

Sé que dada la naturaleza del documento, poco importa si finalmente aquellos contrayentes denunciaron o no el contrato, pero me gusta recordar que al cabo de los años siguen juntos y, por lo menos a simple vista, encontrándole los mismos alicientes a la vida en común que en los primeros tiempos. Y es que el ejercicio de la libertad multiplica los efectos beneficiosos de cualquier acción y situación, introduce en las relaciones una corriente de fantasía, y hace más soportables los escollos y los conflictos que inevitablemente comporta la convivencia. Sin libertad, la convivencia se convierte en una tortura. Así lo cree el refranero popular cuando afirma que el matrimonio es una cruz, y así rezaba en la fachada del convento del Cottolengo, en Barcelona, en unas letras monumentales para que no escapara a la atención de nadie: «Máxima penitencia, vida en común.»

Una de las cosas más difíciles de reconocer para los que son partidarios de la obligación y de la entrega incondicional es la necesidad de libertad del otro. Cada persona tiene su medida y la libertad es como la memoria: cuanto más se practica, más se tiene y más se desea, y cuanto menos se practica, más hay que acudir a otros soportes convencionales y restrictivos para sustituirla y, en el caso de la familia, para que funcione la convivencia. Como ya he dicho, como creo firmemente, es la libertad, no la renuncia, la base de una relación bien consolidada y sobre todo del amor verdadero. Porque, insisto, actuar en libertad es un regalo y actuar por obligación es una condena.

———————

Están muy lejos los tiempos en que tener hijos siendo soltera no sólo era una vergüenza, sino una forma de acabar marginada de la sociedad. Recuerdo el escándalo que provocó en mis viejas tías la respuesta que les dio una sobrina recién llegada de Francia donde sus padres se habían exiliado. Ocurría al final de los años cuarenta y las viejas tías paseaban por las Ramblas saludando a derecha e izquierda a sus conocidos y vecinos. Eran dos ancianas muy respetables, soltera una y viuda la otra, que vivían juntas «desde antes de la guerra», una expresión común entonces para dar a entender que hacía mucho tiempo, cuando con un duro se podía cenar en el mejor restaurante, cuando las cosas eran como debían ser: los precios, las costumbres, la unidad de la familia y hasta el ejército y la religión. Pues bien, andaban por las Ramblas y de pronto se toparon con su sobrina nieta que tenía unos veinticinco años a la que no habían visto desde precisamente antes de la guerra, cuando sus padres republicanos habían tenido que exiliarse. Los padres se habían quedado en París porque todavía no se les permitía volver, pero la hija logró el permiso de entrada. Aquel día llevaba de la mano a dos niños pequeños y saludó a las tías con mucho cariño.

—Y ¿estos niños? —preguntó una de ellas.

—Son míos.

—No sabía que te habías casado —dijo la otra.

Y la sobrina a su vez, y con cierto desparpajo, replicó:

—No hace falta estar casado para tener hijos.

Las ancianas, según sus propias palabras, se pusieron coloradas de pura vergüenza, dijeron cuatro palabras entrecortadas, se despidieron y se fueron Ramblas abajo murmurando y haciéndose cruces de la desfachatez de su sobrina.

Las cosas ya no son así. Ahora tener hijos es una opción que contemplan solteras, casadas, viudas, mujeres jóvenes y mayores, sin verse obligadas a cumplir una serie de requisitos sociales como, por ejemplo, que su hijo tenga un padre oficial o, lo que es lo mismo, ellas una pareja.

Hay mujeres, incluso si no son actrices de cine o modelos, que hacen alarde de ello. Y hacen bien.

No sé si la costumbre de elegir la maternidad nos vino del extranjero o no; en cualquier caso si nos vino la adoptamos inmediatamente. Y aunque hoy vuelve, o mejor ha vuelto ya, el anhelo de una boda al estilo de las más ñoñas bodas románticas de los años cuarenta y cincuenta, son muchas las mujeres que, con velo blanco o sin él, son conscientes de cuál va a ser el tipo de relación que establezcan con su pareja, el tipo de familia que quieren crear, la prioridad que darán a su profesión, en definitiva, la vida que van a llevar de acuerdo con las condiciones que tienen o pueden llegar a tener, no por la presión de unas normas sociales, de los designios de un Dios en el que apenas creen ya, o movidas por aquel miedo a permanecer solas y solteras en una sociedad en la cual no casarse significaba pasar a ser ciudadanos de segunda categoría. Eso, para quien quiera reconocerlo, ya pasó a la historia.

Conozco a muchas mujeres entregadas a su profesión y a su vida profesional sin la menor intención de convivir con una pareja estable. Son libres y felices porque, contrariamente a lo que nos han enseñado, la soledad, con tener tan mala fama y con ser tan temida y vilipendiada, es una forma de vida, sobre todo para la mujer, que nos hace dueñas de nuestro tiempo y nos evita tener que soportar la autoridad o los caprichos de nuestra pareja. Los modos y comportamientos van cambiando, pero todavía son muchos los hombres que se rigen por los antiguos, se creen libres de los deberes a que obliga la convivencia sean de orden práctico o teórico, y siguen exigiendo entrega y sumisión. En cualquier caso, la vida en soledad es una opción a la que cada vez se inclinan mayor número de mujeres.

Pues bien, a cierto punto de la vida, impulsadas por el deseo de tener un hijo, se deciden a ello sin involucrar al padre de la criatura a quien, en muchos casos, ni siquiera le comunican su intención, ni más tarde el embarazo o el parto. Estas mujeres, como aquellas que siendo solteras deciden adoptar un niño, tienen el coraje de afrontar una vida de familia a solas, cumpliendo las funciones tradicionales de padre y madre, y cargar sobre una sola espalda todo el peso del cariño, la responsabilidad y el gasto que supone una familia. Esas mujeres, o esos hombres, tendrán que poner en la aventura toda la imaginación y la fantasía de que son capaces para suplir la experiencia heredada. La familia que van a constituir es una familia nueva, distinta de la anterior, y ellas tendrán que inventar el modo de que funcione. Con el tiempo, entre todas, llegarán a crear un prototipo; de hecho, ya lo están creando: un prototipo de familia que acumulará experiencia y la transmitirá, como toda cultura, a las nuevas generaciones, igual que la familia cristiana ha transmitido la suya durante generaciones. Esperemos que, contrariamente a aquélla, nadie pretenda imponerla a la sociedad entera. Porque de lo que se trata es de que cada cual pueda decidirse por la que más le convenga o inventarse otra nueva que en ese terreno, como en todo lo demás, ni la realidad ni la fantasía conocen fronteras. La mujer sola con su hijo o hijos constituye una verdadera familia, una de estas familias que llamamos monoparentales, como las que forman mujeres y hombres separados o divorciados con o sin la tutela de los hijos, y a veces con la ventaja de que no han de soportar relaciones tensas y arbitrarias con su pareja.

Con el tiempo la sociedad no ha tenido más remedio que admitir éste y otros tipos de familia que hasta una determinada época no se consideraban más que parejas o grupos de marginados que tuvieron la desvergüenza de tener o de adoptar un hijo fuera del matrimonio. Lo mismo que ocurre hoy con las parejas de homosexuales y que, esperemos, se acepten algún día, porque somos muchos los que nunca nos cansaremos de defender que cada cual haga con su vida privada lo que crea que tenga que hacer, y que tan bien puede educar a su hijo, y tanto lo puede amar, un homosexual como un heterosexual. Tal vez con el tiempo seremos más y más los que lo exijamos y algún día logremos que todos los que sienten y actúan de forma distinta a lo que exigen las creencias religiosas o morales vigentes disfruten del mismo derecho a adoptar sus hijos, a casarse si esto es lo que quieren, y a heredarse los unos a otros, como una verdadera familia, según su voluntad, sin los gravámenes que impone en los no familiares la legislación.

Excepto para los Estados Unidos, donde se ventila por Internet y por televisión, y para unos cuantos famosos que la venden a los medios, la vida sentimental y sexual del resto de los mortales pertenece cada vez más al ámbito de su intimidad. No del todo ni en todos los ambientes y todas las comunidades, pero sí en general, y de hecho ni siquiera se conoce en el mundo laboral el estado civil de los empleados. Ese anonimato social ha dado lugar a que el peso de la marginación fuera menor, por falta de información al principio, y espero que por respeto y por civismo ahora. En este contexto social la elección de ser madre soltera, sin padre al que quejarse o hacer responsable de la falta de dinero, se produce de forma natural y en la decisión inciden únicamente factores personales.

En los años sesenta, cuando comenzaron a producirse las primeras muestras de la libertad en una mujer sola, apareció por Barcelona una chica francesa que había venido a España para buscar al que quería que fuera el padre de su hijo. Le gustaban los españoles porque, decía, le parecían más guapos que los franceses, y más sanos, y seguramente, aunque esto no lo reconocía, porque con un padre extranjero tendría menos problemas a la hora de esconderle su embarazo. De hecho, ella sólo quería la ayuda del padre para la concepción, pero no para el embarazo y el parto y, mucho menos, para la vida. Pensaba quedarse embarazada y volver a su París natal a tiempo de incorporarse a su trabajo tras un mes de vacaciones. Se había preparado bien, había tomado toda clase de medicamentos para fortalecer la fertilidad, voló a Barcelona, encontró el hombre de sus sueños, se acostó con él y se quedó embarazada. Pero la vida le jugó una broma que al principio le costó mucho aceptar: iba a tener trillizos. Lo supimos por un amigo común que, además, nos dijo, aunque no sé si era cierto, que el Parlamento francés tuvo que votar una ley según la cual se ampliaba la ayuda a madres solteras que tuvieran más de un hijo a la vez.

———

Los padres que desean tener hijos pero tienen dificultades para la concepción o el embarazo, los que son estériles, o los que desean tener hijos pero creen que en el mundo ya hay suficientes niños y se deciden a adoptar a uno del Tercer Mundo, se encuentran con tal cúmulo de dificultades que muchas veces no tienen más remedio que abandonar el proyecto. La política de algunas comunidades de las que depende el famoso «certificado de idoneidad» necesario para iniciar los trámites de adopción, no es sino una carrera de obstáculos que los pobres padres inician sin saber ni cuándo acabará ni cómo.

El pretexto que esgrimen las administraciones para justificar los escollos que inventan y las barreras que levantan con el fin de evitar la llegada de niños foráneos es la voluntad de acabar con el tráfico de menores y de órganos, un negocio que al parecer se da en profusión en nuestros países. Pero no parece que sea ésta la única razón, y todo hace pensar que en el trasfondo hay alguna otra intención oculta, racismo tal vez, un mensaje según el cual sólo existe la paternidad biológica o, lo que es peor, el inmiscuirse en la vida privada de los ciudadanos y exigirles un modo de vida ajeno a su voluntad.

En Cataluña, por ejemplo, para tener el certificado de idoneidad hay que cumplir veintiocho requisitos a cual más absurdo. Y aunque debido a las protestas de la prensa y de las asociaciones de padres se consiguió que la Consejería de Justicia revisara el proyecto de ley, en la realidad nada ha cambiado. Se siguen exigiendo los mismos requisitos, la mayoría de los cuales son absurdos y desvían las intenciones de los padres hacia objetivos difíciles de entender si no se les atribuyen aquellas oscuras intenciones.

Por ejemplo, se deniega la iniciación de los trámites de adopción si no se exhibe un certificado de esterilidad de la madre, si no se demuestra que no se adopta el hijo por el temor de la mujer al parto o porque uno de los hijos del matrimonio ha muerto, si la pareja está en proceso médico de fecundación, si se tiene un hijo menor de un año, si los padres no tienen residencia en Cataluña, si no están casados, si no llevan por lo menos tres años de vida en común y si no tienen capacidad de elaboración de las experiencias traumáticas vividas (*sic*). Todo esto además de requisitos más normales como demostrar que se puede mantener al hijo, que se lleva una vida familiar estable y activa, que el entorno relacional es favorable al menor, y que se goza de una adecuada aptitud educadora y de habilidad para adaptarse a los niños, cualidades que no siempre tienen los padres biológicos y que se deciden según el criterio de una funcionaria, probablemente soltera y virgen, como soltero y virgen es el cura que enseña a los futuros contrayentes lo que es el matrimonio. Y, por si fuera poco, ante esta barahúnda de requisitos y barreras, ante el incomprensible e interminable proceso legal y administrativo de la adopción, los padres habrán de mostrar una «actitud positiva».

Además de hacer publicidad expresa de la vida orgánica e íntima de una pareja y de dar impulso al fraude tanto en la adquisición del certificado de esterilidad como en la partida de nacimiento de un niño de un país subdesarrollado, lo más grave de este inadmisibe reglamento es la injerencia que supone en la vida privada e íntima de los ciudadanos. Está claro que, contrariamente a lo que se aduce, no es salvaguardar la salud mental y emocional de los padres y el bienestar del adoptado lo que se busca, sino legalizar con ese pretexto un intervencionismo que establezca el patrón de lo que ha de ser la familia.

Nunca deberíamos cansarnos de exigir a las distintas administraciones que dejaran a cada cual vivir con sus terrores, sus amores, sus frustraciones, sus esperanzas, sus ideas y sus creencias; que no pusieran trabas a que la imaginación alumbrara nuestras vidas y la fantasía paliara las desgracias de este mundo; que olvidaran el control al que nos tienen sometidos con su burocrático sentido de la moral; que nos dejaran ampliar, si así lo queremos, el ámbito de nuestro calor y de nuestro cariño a niños que viven en gélidos y esperpénticos orfelinatos o deambulan en los suburbios de las grandes ciudades de la tierra. En fin, que nos permitieran elegir y disfrutar en paz nuestra vida moral y emocional.

En los últimos años han proliferado las familias de divorciados, que según los defensores de ciertas creencias no deberíamos considerar verdaderas familias. Bien al contrario, el divorcio precisamente ha sido aprobado en casi todas las constituciones de los países democráticos porque da a los padres la posibilidad de rehacer su vida cuando la incompatibilidad o la desaparición del amor la hacen insostenible. Hay quien opina, siempre son los mismos, que la situación en que se encuentran los hijos cuando sus padres se separan o se divorcian incide negativamente en su vida, los hace más inestables, más retraídos o, por el contrario, más alborotadores, más superficiales, más vagos.

Lo que hace desgraciados e inestables a los hijos no es la separación de sus padres, ni la nueva situación de tener dos padres y dos madres, sino la forma en que se haya llevado a cabo la separación y las tensiones que crea su falta de colaboración.

Una de las más graves es la escasa responsabilidad de los padres que no cumplen ni con sus obligaciones familiares ni con las económicas, y someten a la mujer que tiene la custodia de los hijos a un régimen de vida miserable. Los padres que así se comportan son muchos, pero tampoco hay que olvidar la actuación de ciertas madres, muchas menos es cierto, pero tan incomprensible como la de ellos. El abuso de esas mujeres en las peticiones de dinero llega a tales extremos que, a mi modo de ver, pasado un cierto límite, están enajenadas y no saben lo que hacen. Son las que se consideran mal pagadas por los servicios prestados y no conformes con lo que dicta el juez, acuden a bufetes de abogados sin escrúpulos, inventan accidentes, juran en falso para sacarle al marido un dinero que ellas ni han ganado ni han ayudado a ganar, y viven después con ese dinero ajeno como verdaderos parásitos de la sociedad, como hiedras de su ex marido ya que no pudieron vivir como hiedras de su marido. Cómo pueden estas mujeres educar a sus hijos si ellas mismas están ineducadas, si ellas mismas contabilizan sus años de cama y convivencia en billetes de banco, aun sabiendo que tal comportamiento las denigra, es algo que nunca he logrado comprender. Porque la mayoría de estas mujeres saben que en justicia están reclamando mucho más de lo que les pertenece, pero actúan impulsadas por la venganza, el rencor y la avaricia.

Hay situaciones que corresponden al estricto periodo de la separación que muchos padres y madres se empeñan en mantener durante toda la vida. Situaciones de incomprensión, de odio incluso, acompañadas de acciones judiciales injustas que provocan dolor y desorientación en los hijos, y que se supone que se llevan a cabo para evitarles las que ellos mismos, los padres, provocaban cuando estaban juntos y el odio se mascaba a todas horas en el hogar. Pero ni aun así el odio se acaba.

Como ya he dicho, y como todo el mundo sabe, son muchas las mujeres que no logran que sus maridos paguen la pensión que el juez les atribuye, y es comprensible que la situación precaria en la que se encuentran las lleve a despreciar a su ex marido y a irritarse con él. Pero no creo que sea bueno ni para ellas ni para sus hijos transmitirles el peso del resentimiento que arrastran y los cargos que tienen contra él, haciéndoles partícipes de sus conflictos, de la opinión que les merece su comportamiento, de la postración sentimental y económica en la que la separación las ha dejado. No por otra cosa sino porque mantener el odio permanente, hacer de él la razón de vivir y querer compartirlo con los hijos no hace más que angustiarlos y, un día u otro, de una forma u otra, se volverán contra la madre.

Todos conocemos madres que han luchado solas para sacar adelante sus hijos, pero no han podido desprenderse de ese rencor que nace del resentimiento, y de los celos cuando el padre se enamora de otra mujer, pero también del hecho de no haber cumplido jamás con sus responsabilidades. Los hijos, cansados de soportar el ambiente de frustración y de odio que su madre les transmitía, en cuanto pudieron, si es que pudieron, se fueron con el padre y su nueva mujer en busca de una vida menos crispada. Y si no pudieron, se fueron de casa a vivir a su manera, mal casi siempre, con tal de no soportar más un ambiente negativo de tensiones, llantos y ofensas.

Además del daño que se les causa, inculcar en los hijos el odio al padre o a la madre es uno de los grandes errores en la vida de una persona, porque el odio, como la envidia, más que un sentimiento es una pasión, que invade y emponzoña la mente y el corazón de quien los detenta, y le impide ver otra cosa que su propio odio, al que se aferra como si fuera su única razón de vivir. Y en esto se convierte, de tal modo que quien odia no puede amar a otros, quien odia no puede rehacer su vida, quien odia aleja de su entorno a quienes no lo comparten. Ésa es la verdadera soledad, la que nos acompaña hasta la muerte.

No quisiera dejar de mencionar un fenómeno que incide de forma cruel en muchas familias que pasan por ser normales en el sentido más amplio del término. Me refiero a los malos tratos. No sólo los malos tratos a los niños sino también a las madres.

Los malos tratos a los hijos son mucho más comunes de lo que queremos reconocer. No estoy sólo hablando de los malos tratos brutales, de los padres que torturan a sus hijos, los cosen a golpes, los dejan encerrados en habitaciones oscuras o en armarios durante horas o días, un comportamiento que no parece responder a un estado mental y emocional equilibrado sino a un reiterado atisbo de locura que llamamos maldad. Hablo también de los malos tratos habituales que se miden en el desprecio, la humillación, el profundo desinterés con que algunos padres tratan a sus hijos, no porque tengan un mal día sino como forma de relación habitual. Acostumbran a ser los mismos que los hacen partícipes de los enfrentamientos con su pareja, cuando no responsables de la enojosa situación en la que se encuentran. Otras veces, por el contrario, someten a los hijos a la tortura de buscar su complicidad, denigrando e insultando a su padre y a su madre o despreciándolo. Esas mujeres o esos hombres tal vez no se dan cuenta de que con la descalificación constante de su pareja a quienes más se descalifican es a sí mismos, que la eligieron y amaron.

Pero también afecta a los hijos, y por tanto a la familia entera, las brutalidades físicas y psíquicas con que tantos hombres tienen sometidas a sus mujeres. En estos malos tratos, además del odio que pueda provocar una situación determinada o del carácter irascible de maridos y amantes, su estupidez y su barbarie, intervienen factores sociales tan arraigados que se reflejan en la legislación o, mejor, en la falta de ella.

Incluso para mujeres como yo que, sin haber militado en el feminismo activo, hemos procurado defender por igual los derechos de todas las minorías y denunciado los ultrajes a los humanos, se nos hace difícil salir en defensa de la mujer sin provocar sonrisas cáusticas.

No digo en casos de tan evidente brutalidad como los que leemos a diario en la prensa que acaban con la muerte de la víctima, sino cuando se trata de defender, por ejemplo, igual sueldo por igual trabajo en hombres y mujeres, o se pide mayor número de mujeres en esa inmensa cantidad de consejos, comisiones, tribunales, mesas redondas o jurados donde se adoptan las decisiones. Siempre hay un gracioso que, haciéndose eco del sentir general, nos mira con ironía jocosa.

En su espléndido libro *Los verdugos voluntarios de Hitler. Los alemanes corrientes y el holocausto*, Daniel Jonah Goldhagen, hijo de un superviviente de los campos de concentración nazis, viene a demostrar con su investigación que al Tercer Reich sólo le fue posible perpetrar en masa los crímenes contra los judíos porque había en la sociedad alemana un profundo sentimiento antisemita tan extendido que en muchas ocasiones ni siquiera hubo que obligar a los soldados y oficiales a cumplir aquellas órdenes asesinas porque la mayoría de ellos actuaron por iniciativa propia, con placer e incluso con orgullo, como demuestran las fotografías que enviaban a sus familias asesinando a los judíos u obligándolos a caminar a gatas, desnudos sobre la nieve, por pura diversión.

Este libro me dio que pensar y me di cuenta de que cuando en la sociedad hay, velado o no, un sentimiento tan enraizado como el antifeminismo lo está en España, no es extraño que sean tantas las mujeres que se encuentren en peligro constante de perecer en manos de sus parejas y se den todos los años tal cantidad de víctimas mortales. Que existe ese ambiente en la sociedad es evidente. A las comisarías de policía acuden miles de mujeres a denunciar malos tratos sin que nadie les haga el menor caso, miles que permanecen en casa y callan a la vista de la poca atención y ayuda que reciben las que osaron hacerlo, miles las que en el empleo soportan una menor remuneración por igual trabajo que los hombres o el acoso sexual de unos jefes que gozan de total autoridad e impunidad.

En el hogar, el trabajo del hombre es siempre más importante que el de la mujer, sus reuniones pasan por delante de las de ella a la hora de quedarse con los hijos y, por supuesto, sus infidelidades son mucho menos importantes incluso ante la justicia.

Nuestros gobernantes se permiten metáforas dignas de una costurera de la época de las cavernas que reducen a la mujer al papel de florero, y hasta hemos oído al presidente de una comunidad elucubrar sobre la eficacia del escote de una diputada, una figura retórica que esconde otro de los usos que los machistas pretenden hacer de la mujer.

Los jueces de nuestro país consideran que una violada se lo ha buscado, una maltratada exagera, una muerta a golpes o incinerada no crea inquietud social y una vilipendiada lo tiene bien merecido.

Buena parte de la policía ignora a las mujeres que denuncian a sus violadores o a sus agresores, aunque sea por centésima vez. Y la judicatura considera, aun después de tantas y tan ostentosas muertes, que las leyes que defienden a la mujer de las agresiones a las que está expuesta son más que suficientes.

Todo esto no sería posible sin ese sentimiento antifeminista tan extendido en nuestro país que muestra como un héroe al hombre que abusa y golpea a su mujer y a las mujeres como seres nacidos para ser protegidos y sometidos.

En este caldo de cultivo la mujer humilde, la que no dispone de recursos, no tiene defensa, sobre todo si no quiere perder a los hijos.

Valdría la pena que todas estas mujeres, visto el escaso resultado que les ha dado renunciar a una vida propia, entendieran que para salir de la situación en que se encuentran no les queda más opción que luchar desde su puesto de trabajo y por sí mismas. Porque no será el hombre, ni un gobierno de hombres, ni una sociedad dominada por el sentimiento machista, los que la hagan salir de ella y le devuelvan una dignidad y una igualdad que estamos lejos de haber obtenido como colectivo. Así que, por mucho que parte de la sociedad y de la Iglesia consideren que la mujer debe atender a los hijos y al hogar, por más que un empleo fuera de casa la obligue a trabajar el doble, y digan lo que digan educadores y psicólogos, en ese empleo, en su trabajo, reside su única salvación: la libertad, porque es de sobras sabido que no hay verdadera libertad si no hay libertad económica. Disponer de recursos propios y, cuando haga falta, huir del hombre que las apalea, de los policías que las ignoran, de los jueces que las humillan, y poder iniciar una nueva vida que les permita mantener y disfrutar de sus hijos.

¿Cómo, si no, pueden sobrevivir esas mujeres, maltratadas delante de sus hijos, denigradas sistemáticamente cada vez que el hombre llega a casa con un problema, una irritación o una borrachera? Es el capítulo más incomprensible de las relaciones humanas y nos muestra hasta qué punto es terrible la paralización mental y emocional a que quedan sometidas las personas sin recursos materiales, esclavas de las convenciones sociales y faltas de seguridad en sí mismas.

Forma de educación, forma de vida

Siempre he creído, y así lo he defendido y practicado en la medida de mis posibilidades y de mi capacidad, que la forma de educación no es sino la forma de vida. No hay normas para hacerlo mejor, todos los que hemos tenido hijos lo sabemos bien, sino que cada cual ha de contar con sentido común y cariño y una buena dosis de ironía y humor que anteponer a sus principios.

Se habla mucho de que los problemas de los hijos, hoy, se deben a que no se sienten atentidos, y hay una tendencia a echar la culpa a las mujeres que, dedicadas al trabajo fuera de casa, no tienen tiempo de hablar con ellos, hacerles caso y aconsejarlos.

Incluso los psicólogos aducen que muchos de los problemas de violencia, de descaro y de falta de atención en el estudio que tienen los adolescentes se deben a que los dos padres trabajan y los hijos se encuentran solos y nadie se ocupa de ellos.

Nada más lejos de la verdad. La madre y el padre que trabajan no tienen por qué desatender a sus hijos, teniendo en cuenta sobre todo que en general trabajan durante las mismas horas que los hijos van al colegio. Pero, además, se nos quiere poner como ejemplo a aquellas mujeres que se quedaban en casa y que, en la mayoría de los casos, lo que atendían era a la comodidad material de sus hijos y de su marido: les lavaban la ropa, guisaban para la familia, hacían las camas y mantenían impolutas las alacenas y las habitaciones. Esto en el mejor de los casos, que perezosas, irritables y bobas también las había y no todo eran celestes ángeles del hogar.

Es cierto que las madres trabajadoras ya no planchan con almidón, si es que todavía planchan, ni levantan todos los sábados las habitaciones ni sacan los colchones al balcón y con bayetas y trapos emprenden una limpieza general. Pero, ¿qué importa?, sin estas atenciones o sustituidas por otras con menos fama de hogareñas igualmente eficaces para el desarrollo de los hijos, la familia va adelante con absoluta tranquilidad. Poco afecta al desarrollo emocional y psíquico de los hijos y a su formación, que en lugar de un estofado de setas se coma una tortilla con jamón, ni que la ropa esté menos blanca ni que el ángel del hogar no haya puesto lavanda al guardarla, ni que las camas no estén hechas con extremada pulcritud, ni siquiera que lo estén. Lo importante es la capacidad de compartir, de hablar, de entenderse unos y otros, de divertirse juntos, por mucho que los defensores de la figura de ángel del hogar la crean insustituible y vean la imagen de la mujer abnegada, esperando la vuelta de los hijos y del marido, con el puchero bailando en el fogón, la ropa blanca perfumada con romero, el fuego en la chimenea y la sonrisa en la boca.

Y no hay que olvidar que cuando se quieren imponer reglas morales a la sociedad, siempre hay detrás un problema económico o algún interés de las altas esferas. En Suiza, por ejemplo, durante muchos años el acceso de la mujer al mundo laboral se estancó con el sencillo método de mantener unos horarios escolares en absoluto compaginables con la vida laboral: de ocho a diez de la mañana y de once a dos de la tarde, de modo que mientras los niños eran pequeños, la madre tenía que quedarse en casa para llevarlos y recogerlos, porque en Suiza una empleada del hogar tiene un sueldo y unos impuestos tan elevados o más que los de la mayoría de personas que trabajan en la empresa pública o privada, y no puede contarse con la ayuda de madres o tías como en otros países menos adelantados. A nadie se le escapa que tales medidas y sus consecuencias ayudaron a mantener las cifras del desempleo en unos niveles mucho más bajos que si todas estas mujeres se hubieran incorporado al mundo laboral.

La atención que hay que prestar a los hijos es de otro orden. La distancia que la sociedad ponía entre padre e hijos en la época de nuestros abuelos, avalada por tratamientos, besamanos y actitudes respetuosas, podían traer la paz a las familias, podían ser una garantía de orden y autoridad, pero no tranquilizaban el corazón de los hijos, ni de las madres obligadas a mantener y defender criterios que no compartía por la presión social o, lo que es peor aún aunque tal vez sea lo mismo, por la actitud autoritaria del marido. Ni creo yo que hiciera feliz a los padres, encorsetados en su actitud de *pater familiae* que tal vez recibía muestras de sumisión y respeto pero que moría sin saber lo que era una caricia de sus hijos, ni una confidencia ni, mucho menos, compartir con ellos diversiones y risas.

Hoy hay menos diferencia entre unos y otros, diferencia cultural, de generaciones y de gustos, y son muchos más los momentos que de verdad se comparten o se pueden compartir. Y si no los hay, sí existe al menos la posibilidad de que los haya, lo que no ocurría antes. No veo cómo compartían los padres las horas libres de aquellos hijos que por millares llenaban los internados y los seminarios de nuestro país hasta bien entrada la segunda mitad del siglo xx. Los internados apenas existen ya y en cualquier caso no tienen el rigor correccional de entonces cuando no se permitía a los internos salir más que una vez al mes para volver a dormir al colegio y los padres hacían visita con sus hijos los demás domingos y fiestas de guardar.

Estoy segura, además, de que para un hijo es mucho más eficaz el contacto con una madre que a su vez lo está con el mundo en el que vive, que con una madre recluida en el hogar que apenas conoce los acontecimientos políticos, profesionales y sociales de su entorno y que se horrorizaría y rozaría el borde del suicidio si se enterara de que su hijo adolescente se ha fumado un porro. El desarrollo de las facultades del alma, de la inteligencia, de la capacidad de comunicación, el hecho de que una mujer disponga de su cuerpo y de su alma porque también dispone de su dinero aun formando una familia unida es, sin lugar a dudas, un terreno más abonado para educar a los hijos en la normalidad y, por ende, en la felicidad o lo más parecido a ella. Y también lo es para el marido siempre que haya sabido apearse de la educación machista que ha recibido.

Que los hijos tengan problemas no debe achacarse ni a que los padres trabajan ni a su falta de dedicación. Los hijos son siempre una sorpresa y en su desarrollo intervienen muchos factores, no uno solo: factores de carácter, o escasa relación con el padre, o del padre con la madre, o de ambos con los hijos, son importantes, por supuesto, pero esos mismos fallos en otros chicos dan resultados distintos o incluso contrarios. Y no hay que descartar que hay hijos que aun con el terreno más abonado se comportan, sobre todo en ciertos años de la adolescencia, con una rebeldía tan feroz que muchas veces no se puede hacer más que encomendarse a los dioses o a los hados y tener paciencia, porque ante ese torbellino poco o muy poco puede hacer una familia por inteligente que sea, por unida que esté.

No pretendo afirmar que todas las mujeres que permanecen en el hogar tengan a la fuerza que mantenerse al margen de la vida, como tampoco defiendo que las que trabajan estén por ello inmersas en la vida política, pública y cultural, pero sí que el trabajo del hogar, si no se sabe limitar a lo esencial, convierte a mujeres y hombres en unos obsesos de la limpieza y del orden en caso de que les guste, o los aplasta bajo un peso insoportable si les horroriza. De lo que sí estoy segura es que colaborar en el mantenimiento de la casa, compartirlo en la forma que sea, gastar su dinero en lugar del dinero de su marido, da a la mujer una seguridad en sí misma muy distinta de la que le dispensa sólo el puesto que ocupa en el hogar, por más respeto y cariño que reciba de sus hijos o de su marido o de su amante, de los que, le guste o no, estará siempre a merced, y si no de él por lo menos sí de su economía.

La vida de las mujeres que trabajan y tienen hijos es muy dura: la ayuda que reciben de los hombres en el hogar todavía es escasa y no las libera de la responsabilidad final. En general la mujer, por importante que sea su vida profesional, todavía tiene que tener en la mente lo que hay en la nevera, los horarios de los hijos, el día que llegará la asistenta, la economía doméstica, por más que su pareja dé biberones y cambie pañales, por más que le guste cocinar o la ayude a hacer las maletas. «Te he hecho las camas», le dice dando por sentado que las camas estén o no estén hechas son un asunto que corresponde a la mujer. Tal vez por esto, en los momentos más agobiantes, cuando la vida se le convierte en un torbellino entre el hogar y el trabajo, entre los hijos y el marido, entre el fontanero que no ha venido y el dentista que ha de ajustar los aparatos al hijo, las mujeres caigamos por un momento en el desánimo y nos arrepintamos, no ya de no habernos quedado en «ángeles del hogar», sino de no habernos convertido en «mujeres objeto». Es sólo un instante, pero el deseo es intenso y la visión de lo que sería nuestra vida, envidiable.

Hay un debate abierto en la sociedad sobre quién es el que tiene que educar a los hijos, si la escuela o los padres. Es un debate en el que nadie se pone de acuerdo, porque nadie se pone de acuerdo en qué cosa es la educación. Hay padres que cuando se refieren a la educación piensan que es en la escuela donde los hijos tienen que aprender a comer, a comportarse, a saludar, a dar las gracias, a no chillar o a no ponerse los dedos en las narices. Pero también hay maestros que pretenden que sean los padres los que hagan trabajar a los chicos y les enseñen lo necesario para que hagan los deberes que se llevan a casa.

Los padres no tienen por qué saber ni conocer los textos que han de estudiar los hijos, ésta es una tarea que corresponde a los maestros. Igual que excitar la curiosidad intelectual, enseñar a estudiar y hacer atractiva la lectura y el estudio. A mi modo de ver, en cambio, la educación que han de dar los padres a los hijos se desprende más de su modo de vivir, de comportarse y de razonar, que de seguir los sabios consejos de un manual, o de un curso para padres, y tiene mucho que ver con la relación entre la ideología que defienden y su traducción a la práctica. Es evidente que cuanto más racional sea la estructura emocional y cultural en que se mueve el hijo, más fácil le será al maestro incitar al niño a una curiosidad intelectual que es la base de los estudios, estén o no estén bien los planes actuales. Tal vez por ello me han parecido siempre una sinrazón las reuniones de padres en las escuelas, donde se deciden aspectos fundamentales de la educación de los hijos. Me parecen bien si son reuniones de información e incluso un lugar de debate para que haya una relación entre los maestros y los padres, pero no que sean los padres los que hayan de decidir criterios que sólo corresponden a los maestros. ¿No es cierto que un médico no da el diagnóstico ni aplica un tratamiento según sea la opinión de los padres, sino que es él, por sus conocimientos, quien se inclina por una operación o por una terapia determinadas?

En la época en que mis hijos eran niños aún, comenzó en las escuelas un proceso de desintegración de la disciplina, que fue sustituida en dos días por un respeto creo que mal entendido y desproporcionado a la libertad, y al mismo tiempo una fe ciega en la opinión de los padres. Todo esto pasado, como es debido, por el cedazo de una falsa democracia, es decir, por la aprobación de lo que apoyaba la mayoría, nos llevó, por lo menos a mí, al más absoluto desconcierto porque ciertos padres, convencidos de que sus conocimientos eran iguales o superiores a los de los maestros y educadores, hacían prevalecer sus ideas, y otros las aceptaban por miedo a parecer anticuados o, simplemente, tontos, como si se les echara en cara que no fueran capaces de ver el traje nuevo del emperador. Y no era por la falta de disciplina y el exceso de libertad el galimatías que se organizó, sino por el desorden y el entusiasmo con que se aplicaban y se imponían, sin apenas conocerlas, experiencias que en otros países se habían ido introduciendo con más cautela.

Una vez más se demostró que en este país somos capaces de pasar sin apenas transición del férreo control de los curas y las monjas a defender que cada niño hiciera lo que quisiera, sin horarios, sin libros, sin notas, sin clases, sin siquiera contacto entre maestros y alumnos, y sobre todo sin que los maestros y profesores se dieran cuenta que esa falta de elementos tradicionales habrían de suplirla ellos, para lo cual no tenían preparación ni más motivación que la meramente folclórica. La transición fue tan brutal que las escuelas imbuidas de un espíritu que pretendía ser tan moderno apenas sobrevivieron un curso o dos, aunque dejaron una estela de caos en las opiniones apenas formadas de los padres, en los planteamientos escolares, y en la ignorancia de las relaciones entre padres y escuela, alumnos y profesores, que ha costado mucho tiempo enderezar.

Yo no iba casi nunca a las reuniones de padres, y las pocas veces que fui lo hice más para que los directores no me juzgaran una madre desinteresada por lo que hacían sus hijos que por interés en lo que allí se discutía, porque o se exponían cuestiones a mi modo de ver de orden particular —que si el delantal de menganito se había perdido, que si los lápices de colores del otro desaparecían de las mesas de trabajo—, o había protestas por algún programa de la escuela que a ciertos padres les había parecido fuera de lugar. Así que el día que la misma señora se puso a protestar por lo mal que comía su hija y por la sesión de educación sexual a que había sido sometida, que le parecía inmoral, y vi que se procedía a la votación para continuar las sesiones o no, me levanté y me marché, y aquella fue la última vez que asistí a una reunión de padres. Al día siguiente llamé al director y le recordé que yo había llevado a mis hijos a la escuela porque me parecían acertados su criterio y las ideas que hasta entonces había defendido, pero que nunca se me había ocurrido elegirla porque en ella prevaleciera el criterio de gente que yo no conocía aunque hubieran sido aprobados por la más estricta votación democrática.

Afortunadamente aquella locura duró poco y, al curso siguiente, las aguas volvieron a su cauce, con la ventaja de que gracias a ella se había dado un paso atrás en la imposición de la férrea disciplina y un paso adelante en el camino de la libertad de los alumnos. Nunca se ha llegado a abolir los libros de texto ni los horarios, que sería lo adecuado, ni se ha conseguido que sean la palabra y el genio de los profesores lo que realmente eduque a los chicos y chicas, pero quiero creer que todo se andará y que algún día, que nosotros ya no veremos, las escuelas serán lo que debieron de ser en un principio, espacios de libertad abiertos al conocimiento de la mano de un maestro que tiene la posibilidad de dirigir el entendimiento de los alumnos hacia la realidad, la fantasía y la imaginación. Una educación basada en el interés, en la investigación, en el placer de la lectura y la reflexión y en el movimiento de la mente, es decir, en la elaboración de una estructura que haga posible la absorción de cualquier conocimiento por parte del futuro ciudadano. Porque tan importante o más que la instrucción, la educación de los modos de comportamiento doméstico y social, lo es el dar a los alumnos una verdadera educación cívica. Y esto también corresponde a las escuelas.

En cuanto a la función educadora de la familia creo de verdad, como ya he dicho, que los hijos aprenden más del ambiente en el que viven que de los consejos o de las órdenes que reciben. De la misma forma que convivir con ellos no es sólo visitarlos una vez al mes y llevarlos al cine o al zoológico. A mí me parece que más importante que decirle a un niño que no coma como un cerdo lo es que viva rodeado de seres que comen decentemente. Y lo mismo ocurre con la higiene, con el interés por el arte, con la moral que cada uno defienda y con la política, una asignatura con frecuencia olvidada por los padres y casi siempre por los maestros, que se limitan a enseñar las que les vienen dadas en el programa.

Vivimos en un momento en que la política apenas merece nuestra consideración y nuestro respeto, porque no recordamos que política es la «cosa pública», lo que concierne a los ciudadanos, y porque extrapolamos el comportamiento de algunos de ellos a la totalidad y a la posibilidad de que lleven a cabo la misión que les ha sido encomendada por la sociedad. Nos hemos vuelto tan apáticos y estamos ya tan acostumbrados a vivir la vida de los demás en lugar de la nuestra, que cuando no nos gusta un político, y si es el político que hemos votado con más motivo aún, nos desentendemos de la política como si su inadecuado comportamiento justificara nuestra actitud, y en cambio somos incapaces de luchar, cada cual a su modo, para cambiar a ese político y con él, según nuestro criterio, el enfoque que están tomando los asuntos que son los nuestros. No somos del todo culpables de esta apatía. Estamos sometidos a un sistemático lavado de cerebro por parte del liberalismo imperante, menos interesado en que seamos ciudadanos, que clientes y compradores insaciables de objetos y de ocio que es en lo que nos vamos convirtiendo todos.

Sin embargo yo quiero creer que no es así, quiero esperar que todavía hay solución si mejora la educación y surja una nueva generación que actúe de contrafuerte a esa presión brutal que sentimos en todos los ámbitos de la vida.

Hay muy pocas familias que hoy día se interesen por la formación política, cívica y ciudadana de sus hijos, y menos escuelas aún donde se explique en qué consiste la participación del individuo en la sociedad, el pensamiento social y político, la solidaridad, la diferencia entre justicia y caridad, los derechos y los deberes de los ciudadanos, dónde empieza y termina la libertad para ser verdadera libertad, qué es la democracia y cuál es nuestro papel en un país democrático. Así que no tiene derecho a quejarse de que sus hijos sean indiferentes a los problemas de su tiempo quien no les haya dado un ambiente propicio para que los detectaran y los conocieran, y para que se formaran su propio criterio. Nosotros y ellos vivimos rodeados de indiferencia y descalificación de los acontecimientos políticos más relevantes que dejamos pasar uno tras otro sin más reacción que dar la vuelta a la página o pasar a otro canal. La mayoría somos padres que no tenemos el menor interés en que se les despierte a nuestros hijos la curiosidad ni el sentido crítico, porque carecemos de la base teórica y práctica que les facilitaría el diálogo consigo mismos, lo único que les ayudaría a elaborar su propio criterio, lejos de las nefastas influencias de los insultos y descalificaciones con que nos obsequian buena parte de los comentaristas políticos: cada vez con menos análisis de los problemas reales, cada vez con mayor interés en destruir al enemigo.

Pero tal vez, me digo en algún momento de esperanza, comience a ocurrir en nuestro país lo mismo que en Chile, donde durante veinte o veinticinco años se ha ocultado a los niños y adolescentes la verdad de lo ocurrido en 1973 en el Palacio de la Moneda, y se ha formado una sociedad cuyos miembros se dividen entre los que han de creer a ciegas que Pinochet es el padre de la patria para no sentirse cómplices de sus crímenes políticos y humanos, y los que, tras años de no querer saber, se han vuelto ciegos de verdad. Pero de pronto los jóvenes han comenzado a salir de su letargo y a desechar la edulcorada y justiciera versión que el sanguinario Pinochet impuso durante dos décadas en las escuelas y universidades.

Una de las grandes satisfacciones que he recibido de los hijos está relacionada con su conciencia política y con la muerte de Salvador Allende. Uno de ellos, David, que tendría ocho o nueve años cuando Allende ganó las elecciones en Chile, debió de sentirse impresionado por sus mensajes o por la operación de acoso y derribo a que lo sometieron los Estados Unidos de América, evidente y visible incluso para un niño, que tomó a Salvador Allende como un modelo que actuación pública. Entiendo que tal vez su criterio no estaba demasiado elaborado, pero recuerdo que seguía los problemas de Chile con un interés creciente. Nunca supe por qué el personaje y su acción política le habían calado tan hondo y siempre creí que formaba parte de un ansia de mitificación infantil parecida a la que más o menos por aquellos años tenía por la gimnasta Nadia Comaneci. Su habitación estaba llena de pósters de los dos y recortaba del periódico los retazos de sus discursos que guardaba en una carpeta subrayados y ordenados. Pocos meses antes del golpe le traje de Italia un disco que se acababa de publicar, *Companero Presidente*, donde entre otras muchas canciones estaba la de «Venceremos, venceremos» que él escuchaba con fruición en cuanto llegaba de la escuela. Cuando se enteró del asalto de Pinochet al Palacio de la Moneda y vio las escenas de la resistencia y la muerte de Allende, sufrió en silencio un descalabro que no sabíamos cómo remediar. Así fueron transcurriendo los días y parecía que poco a poco remitía la decepción y el disgusto hasta que creímos que había pasado ya, como pasan los amores de los niños por sus ídolos que vienen a sustituirse por otros. Me dolía que así fuera, porque me daba cuenta de la poca relevancia que había tenido, pero al mismo tiempo pensaba que era muy pequeño para ser consciente de una tragedia política de estas dimensiones y me tranquilizaba ver que sufría menos. Pero me equivocaba. Lo supe cuando al cabo de un mes aparecieron por la casa dos chilenos con sus hijos, que habían logrado escapar de la dictadura con la ayuda de alguna embajada extranjera. Nosotros formábamos parte de una cadena que se improvisó para dar alojamiento a los exiliados hasta que la organización a la que pertenecíamos les encontrara un acomodo más definitivo. Cuando llegó del colegio yo estaba con ellos en el salón, y los niños dormían en una cama improvisada en el sofá naranja. Al saber que eran chilenos se iluminó la mirada de sus grandes ojos azules, y allí se quedó con la sorpresa reflejada en el rostro, como si estuviera ante héroes vivos que había dado por muertos. Y bien mirado no le faltaba razón. Les dio la mano sin hablar, sin apartar la vista de sus rostros, pero no les hizo ninguna pregunta ni se sentó con nosotros. Al cabo de un momento se fue al rincón donde estaban los discos y puso *Compañero Presidente*. A las primeras notas de la canción, los chilenos se volvieron sorprendidos como si se sintieran aludidos en aquella habitación tan lejos de todo lo que habían esperado y perdido.

Desde el hondo crisol de la patria
se levanta el clamor popular,
ya se anuncia la nueva alborada
todo Chile comienza a cantar.

David no se movía. Tampoco ellos. Los cuatro nos quedamos en silencio escuchando las palabras. Las voces renacidas también del reino de la muerte arrastraban el amargo peso de la humillación y de la derrota. Miré a mi hijo inmóvil y vi las lágrimas que le caían por las mejillas sin que se le moviera un músculo de la cara, las dejaba correr como si estuviera solo y sin embargo era evidente que éste era su homenaje al Presidente y a esos chilenos rescatados del horror.

Venceremos, venceremos,
mil cadenas habrá que romper.
Venceremos, venceremos,
la miseria sabremos vencer.

cantaba el coro el estribillo de la canción.

Aunque se había dado un poco la vuelta y se había quedado de espaldas a ellos, yo pude seguir el recorrido de cada una de las lágrimas que se sucedían con lentitud pero con seguridad, como si hubieran abierto un surco en la piel y todas siguieran el mismo camino. No me moví, porque estaba segura de que así es como quería estar, silencioso y quieto, ahora que había tenido el coraje de volver a oír el canto que tantas veces le había parecido el himno de la esperanza y la victoria:

Venceremos, venceremos,
mil cadenas habrá que romper.
Venceremos, venceremos,
la miseria sabremos vencer.

Era tan pequeño y estaba tan desolado que se me hizo un nudo en el pecho, pero ni aun así me moví. Y poco a poco el nudo se transformó en una extraña sensación de bienestar por ser testigo de aquella escena y porque algo me decía en aquel momento que tal vez, dentro de todo, no lo estábamos haciendo tan mal si nuestro hijo, apenas cumplidos once años, era capaz de entender, a su manera sentimental y emotiva y muy poco racional posiblemente, lo que era la injusticia, y la tragedia de un pueblo que había perdido sus derechos fundamentales y había sido aplastado por una feroz dictadura.

Los chilenos no salían de su asombro.

—¿Todos los niños españoles son así? —preguntaron.

—No creo —les dije, porque no creía que todos lo fueran, pero también porque ya se sabe que las madres tenemos tendencia a considerar a nuestros hijos piezas únicas e irreemplazables.

En la educación de los hijos, la paciencia y la constancia son elementos indispensables, porque los resultados no se ven, en muchos casos, más que al cabo de los años. Hay veces que los padres se cansan de exigir a sus hijos que se laven los dientes y se duchen, y no encuentran más que malhumor y desgana y rebeldía, y así transcurren los años. Pero si los padres predican y exigen lo que ellos mismos hacen, llega un día en que no nos queda más remedio que decirles a los hijos que con un par de duchas al día ya basta, porque se diría que lo que quieren es estar a todas horas bajo el agua y nunca les parece que están bastante remojados. Y recordamos entonces aquella insistencia contra la que ellos protestaban, como si se tratara de la historia de otros niños. Así ocurre con todo lo demás.

Lo que más perjudica a los hijos es el desconcierto, la ignorancia de sus padres. Si los padres no saben o no quieren saber, o no sienten necesidad de conocer cuál es el ambiente donde van a a educar a sus hijos, porque no tienen claro qué es lo que quieren inculcarles, entonces los hijos, además de estar sometidos a cualquier influencia, sea beneficiosa o perjudicial, se sublevan contra ellos y los pueden, es decir, actúan sin ton ni son con el único objetivo de afianzar su voluntad. Si un padre o una madre impone unas reglas a los hijos, reglas ciegas que sólo se basan en la autoridad que creen tener por derecho propio, los hijos tal vez se amedrenten, pero les pierden el respeto a los padres y, cuando ellos se dan la vuelta, se saltan a la torera lo que se les ha impuesto. Y esto no sería lo peor, sino que además la irracionalidad de un comportamiento autoritario se lleva el respeto, el cariño y la consideración.

En el tipo de formación que damos a nuestros hijos tiene mucho que ver nuestra propia infancia. A veces lo que hemos sufrido sirve para que nos volquemos en los hijos y les demos más de lo que pueden absorber; otras, en cambio, les hacemos seguir el modelo con que fuimos educados. Los hijos de los que han tenido una infancia sin lujos están tan colmados de juguetes, trajes y comodidades que no pueden apreciarlo y ya es bastante si no se convierten en niños mimados, exigentes hasta extremos incomprensibles que no dan el menor valor ni a lo que tienen ni al esfuerzo que hacen sus padres por conseguírselo. Pero también puede darse el caso de padres que han vivido una situación muy precaria y que imponen a sus hijos un ascetismo que no se aviene con los tiempos en que vivimos. «Yo nunca tuve un tren eléctrico —arguyen— y he llegado donde he llegado, ¿por qué habría de tenerlo él?»

En general, los padres de infancias difíciles consideran que los bienes materiales, las comodidades, incluso los lujos bastan para que el hijo responda con unas buenas notas y un comportamiento exquisito.

—¿Qué más quiere? ¿Qué es lo que le falta? —se preguntan desconsolados—. A su edad yo nunca tuve lo que le hemos dado, nunca disfruté de tantos juguetes, nunca tuve oportunidad de hacer deporte, de viajar, de veranear... —y no entienden cómo puede un niño no responder a todos estos privilegios con los dos únicos requisitos que se le piden: buenas notas o, por lo menos, la notas justas para pasar de curso, y un poco menos de malhumor.

Lo mismo ocurre con la libertad. Hay padres que siguen el camino de intransigencia y autoritarismo en que fueron educados con una especie de rencor acumulado que hacen pagar a los hijos. Otros, en cambio, con el mal recuerdo que les ha dejado aquel autoritarismo de su infancia, dejan a su hijo tal libertad que el niño no encuentra ni el norte ni el sur, anda desorientado y carece de los puntos de referencia para saber de dónde parte y a dónde puede y quiere ir a parar.

Pero además influyen en nuestro modo de educar el concepto que tenemos, el que nos han inculcado o el que hemos adquirido más tarde, de lo que es el cariño, la competitividad, el trabajo, la libertad.

Y por si fueran pocas las dificultades con que tenemos que enfrentarnos a la hora de educar a los hijos, no siempre coinciden las ideas del padre con las de la madre, de tal modo que se radicalizan las posturas de uno y de otro y cada cual presionando en favor de sus propios principios intenta compensar los que se afana por imponer su contrario.

El propio carácter del hijo puede hacer cambiar o tambalear los propósitos de los padres. Es evidente que a un niño muy tímido no hay que tratarlo de la misma manera que a otro desenvuelto y alegre. Ni un niño mentiroso tiene que gozar de la misma confianza que el que no lo es. La verdad es que todo es muy complicado, porque se haga lo que se haga, la reacción del niño, que también tiene sus propios demonios y sus propios ángeles, es imprevisible.

Recuerdo ahora la historia que me contaban cuando era pequeña de los dos hermanos que abrieron el balcón el día de Reyes para ver lo que les habían traído. El mayor se encontró con un caballo blanco, fuerte y esbelto que relinchó al verlo.

—¡Vaya! —dijo el chico contrariado—. Un caballo. ¿Y qué hago yo con un caballo? ¿Dónde lo meto? Tendré que sacarlo cada día a pasear, vaya una lata, y además cepillarlo. Y ¿dónde lo meto?

El otro hermano, en cambio, se encontró con una fuente llena de excrementos de caballo.

—¡Oh! —exclamó maravillado—. ¡Me habían traído un caballo y se ha escapado!

Los padres nos encontramos con que aquello que nos ha dado resultado en un hijo fracasa en otro, y muchas veces nos vemos impotentes para inventarnos una forma de tratar a cada uno con eficacia, porque ni somos psicólogos ni magos, y sabemos que en este terreno todo es imprevisible. Por esto, insisto, lo más útil es atender y aplicar a todas horas y con todos los tipos de hijos posible dos principios fundamentales que no me canso de recordar: sentido común y cariño, y un poco de ironía y humor. Las demás normas generales que se nos den de poco sirven, porque tendremos que imponerlas sin discriminación ninguna, y a veces funcionan y otras veces no. Padres que han estado atentos al desarrollo de sus hijos, que han gozado de una vida de familia divertida y estimulante, han visto de pronto cómo uno de ellos, a veces el mejor, daba un giro incomprensible y se malbarataba, sin que se conociera el origen del cambio ni se pudiera hacer nada por ayudarlo. Y otros, en cambio, que han crecido a veces sin atención ni cariño, a su aire como los árboles de las Ramblas, se convierten en ciudadanos libres y conscientes y, de haber vivido sus padres o haberlos tenido, a la vista de los resultados habría que ver las veces que presumirían de la forma en que habían educado a sus hijos. Los ejemplos son múltiples y diversos.

Yo creo que los padres que pretendemos intervenir en la formación de nuestros hijos, lo primero que hemos de hacer es formarnos a nosotros mismos. O, lo que es igual, tener las ideas claras. Y claras han de ser sobre todo las que se refieran a los valores fundamentales que vamos a inculcarles porque estamos convencidos de que son fundamentales para ellos y para su desarrollo. Y tener claro también que no queremos inculcarles ninguno porque creemos que el ambiente en el que vivan y la educación que reciban serán suficientes. La indiferencia ante las ideas, ante las ideologías, hace que nos convirtamos todos, padres e hijos, en carne de cañón de creencias que, se mire como se mire, han de ir siempre detrás de las ideas, porque si a las creencias se les da el rango de ideas, no tardarán en convertirnos en sus esclavos arrinconados, sin aceptar razones, en posiciones dogmáticas, intransigentes, intolerantes y exclusivas. La afiliación a las sectas es el ejemplo más extremo, pero hay muchos otros.

Cuando esto ocurre son los padres los que deberían ir al psiquiatra o al psicólogo antes de llevarles a sus hijos, y tal vez lograran con su ayuda desprenderse de la dependencia irracional a esas creencias, vengan o no de una secta, sean de orden religioso, político o moral, televisivas o cibernéticas. Igual que los drogadictos o los alcohólicos necesitan un tratamiento especial para librarse de su yugo.

Dicho de otra manera, bien está que eduquemos a nuestros hijos, por ejemplo, en los principios de una religión, sea la que sea, si esto es lo que nos parece más conveniente. Pero si no somos capaces de hacerle comprender que cada pueblo, cada civilización, adora a su propio dios, y que todos esos hombres y mujeres son tan dignos de respeto como lo son los que aceptan los principios religiosos en los que basamos su formación, el niño entenderá que sólo ésta ha de ser tenida en cuenta y las demás están en el error y merecen ser abolidas. Y a partir de ahí nace la exclusión de los demás por motivos religiosos, se implanta el dogmatismo que adjudica a lo que defendemos el valor supremo de única verdad, y así se llega inexorablemente al fanatismo, que puede muy bien transformarse en «santa violencia» y «santa persecución», como hemos visto a tantas religiones proceder a lo largo de su sangrienta y dilatada historia. Las guerras de religión, las persecuciones de la Inquisición, la expulsión de judíos y musulmanes, proceden precisamente del convencimiento de que la religión católica es la única verdadera y las demás son anatema, maldición y pecado, y que quienes la practican no merecen respeto y en muchos casos se hacen acreedores de la muerte. Igual que los fundamentalistas musulmanes de hoy entienden el Corán como una incitación a la guerra santa contra los infieles en todos los órdenes de la vida. Y lo mismo puede decirse del absurdo orgullo de pertenecer a una raza, a un país y a un pueblo que, por ser el nuestro, descalifica a los demás y los excluye de nuestro respeto y consideración.

————————

La vigilancia y el conocimiento de los ambientes que frecuenta el hijo, del ámbito de libertad en que se mueve, de los astros y las constelaciones que constituyen su firmamento, del alcance de sus apetencias y deseos, del estímulo que desarrolla sus capacidades o de los fantasmas que pueblan sus miedos, tantas veces inasequibles para sí mismos, lo son en mucha mayor medida para los padres. Y, en todo caso, el intento resultará inútil sobre todo para los que respetan la reserva y la intimidad de los hijos. Así que no habrá más remedio que incrementar la imaginación, la fantasía, la dedicación y el coraje para romper los obstáculos que se interpongan al desarrollo normal de nuestra relación con ellos, para convertirla en un reducto donde esté garantizada la estabilidad necesaria para que anden por el mundo sin demasiados titubeos, trabas y angustias, un tipo de relación que habrá que inventar para no aburrirlos, ni presionarlos y, lo que es más difícil aún, sin que por ello dejen de sentirse amparados y aceptados.

No hay que desanimarse, sino esperar que todo lo que se desea se acaba por conseguir, pero, como dice la Biblia, los caminos del señor son insondables y nunca sabemos por dónde va a llegar ni cuándo la solución que siempre se hace esperar más de lo que quisiéramos, porque somos impacientes y no dejamos que los acontecimientos maduren por sus propios medios.

Además, si bien la relación entre padres e hijos es relativamente fácil cuando son pequeños, se va haciendo más difícil a medida que crecen hasta alcanzar la cúspide del conflicto con la llegada de la adolescencia y de la primera juventud. Situar la confianza, la credibilidad y la comunicación en un punto equidistante es una labor tan compleja y delicada para los padres como para los hijos.

Cuando son pequeños y asistimos a unos progresos normales, por decirlo así —las primeras sonrisas, las primeros pasos, las primeras palabras, el descubrimiento de un carácter que ya lo definirá para siempre, las relaciones con los demás hermanos o con los amigos—, el papel de los padres es gratificante y dejando aparte las molestias de las malas noches, las anginas y los pañales, si lo saben aprovechar, delicioso. Sin embargo, es en estos primeros tiempos cuando descubrimos no sólo aspectos del carácter que tendrá nuestro hijo, sino otros de nuestro propio modo de ser que sin saber por qué habían permanecido ocultos. A hijas sumisas, esposas doblegadas a la voluntad de sus maridos o de sus amantes, mujeres que nunca se atrevieron no ya a defender sus propias convicciones sino ni siquiera a pensar en ellas, se les despierta un autoritarismo, un mal genio, una falta de compasión y una frialdad con sus hijos pequeños, como si libres de ataduras sus impulsos se dispararan todos de una vez contra el ser indefenso que ellas o ellos sienten de su propiedad. O, por el contrario, no es extraño ver a madres y padres, estrictos cumplidores de sus deberes, organizados, disciplinados, con convicciones inamovibles sobre la forma de educar a los hijos, ceder a sus demandas y exigencias hasta quedar para siempre a merced de sus caprichos. Justifican entonces ese proceder, tan contrario a lo que siempre habían defendido y a su propio modo de comportarse, con argumentos mal aprendidos de teorías psicológicas leídas en algún dominical de los periódicos o en la sección correspondiente de las revistas del corazón o de belleza y hogar.

Porque la maternidad y sus efectos se comportan en los humanos del mismo modo que las drogas.

Recuerdo que una vez, cuando mis hijos mayores estaban en la edad más difícil, entre los catorce y los dieciocho años, volví de un viaje a Marruecos y me traje un paquete de *henna* o «gena», una palabra que no existe en el diccionario pero que se aplica a un polvo de color marrón con el que las mujeres árabes se tiñen el pelo de rojo y las palmas de las manos cuando hay una gran fiesta. Lo vacié en un bote de cristal que dejé en el cuarto de baño, y no pasó mucho tiempo sin que me diera cuenta de que el contenido había disminuido. Un día, al volver del trabajo, los encontré a los dos tumbados en el sofá naranja, con los ojos cerrados y en silencio. Y no me costó descubrir que eran ellos los que lo habían cogido y, creyendo que era un narcótico o un alucinógeno que me había traído del «moro», se habían puesto ciegos de cigarrillos, con lo cual habían conseguido un terrible dolor de cabeza. No dije nada porque no sabía qué decir. Mi actitud frente a las drogas se parecía bastante a lo que ahora llamamos fundamentalismo, aunque en su primera etapa, es decir, sin llegar todavía a la prohibición ciega o por la violencia. No atendía a razones, no quería saber nada y me escudaba simplemente en lo que decían los periódicos, en lo que se comentaba a mi alrededor. Pero me negaba a aceptar que las drogas han formado parte de la vida normal, higiénica, de las distintas comunidades y que durante siglos han tomado las suyas los nativos de cada lugar sin que se produjeran las marginaciones y los descalabros que conocemos hoy. Tampoco estaba dispuesta a reconocer que el poder mortífero de esas drogas no está en sí mismo sino en las manipulaciones químicas a que las someten los que controlan la producción para que se convierta en el mejor negocio del mundo, y sobre todo en las adulteraciones del producto a cuyos funestos resultados las autoridades llaman mansamente «sobredosis» y los periódicos repiten sin rechistar. En este asunto no estaba dispuesta a la menor concesión, y aunque no tenía claro cuál había de ser mi actitud con los hijos y ante ellos me callaba para que no se dieran cuenta de mi desconocimiento y zozobra, cuando estaba entre amigos me deshacía en improperios contra la droga y sus efectos. Pero un día conocí a un personaje singular que, al ver el entusiasmo que ponía en mis ataques sin más argumento que «la droga mata», me miró con tanta ironía que me desconcertó. Y cuando ya nos íbamos me acerqué a él para preguntarle qué significaban aquella sonrisa y aquella mirada.

—Nada —respondió—, siempre me hacen gracia los tópicos.

—¿Te parece un tópico la muerte de una persona?

—No, pero sí me parece un tópico repetir la versión oficial de un problema. ¿Te indignas igualmente por las armas, que ésas sí matan, y no a unos centenares de personas al año, sino a millones, armas que fabrican los estados, el tuyo entre otros, y que si no matan las devuelven por inservibles? ¿Te has parado a pensar que mueren más personas por la lucha contra la droga que por la droga en sí? ¿Que si no fuera por la prohibición dejaría de ser el negocio brutal que es? ¿Que de lo que se trata no es de luchar contra la droga sino de controlar el negocio mundial, uno de los más prósperos del siglo? ¿Que la reina Victoria hizo su imperio sobre el tráfico de drogas, y que la lucha no comenzó hasta que los países productores alcanzaron la independencia y con ella, el control de la producción y la comercialización de la droga?

No, no lo había pensado.

Y me di cuenta entonces que también la maternidad, como el trabajo, el alcohol, incluso el amor, están sujetos a esas leyes que deben regir las conexiones y los ajustes entre el que da y el que recibe o entre los efectos y concomitancias de un producto y la persona que lo toma, más aún, entre las propiedades del uno y el estado mental y emocional del otro. Aquella tarde aprendí muchas cosas que me han ayudado a lo largo de toda mi vida y me han ratificado en la convicción de que nunca hay que aceptar por completo una versión oficial para explicar la persistencia o la solución de los problemas que nos afectan. Aprendí algo sobre la complejidad de esos problemas, cómo han sido y cómo son manipulados para que se conviertan en lo único que parece importar a los humanos, hoy por hoy y desde hace siglos: la riqueza, el negocio, llámese economía global o como se quiera. Pero aprendí otra cosa mucho más sencilla y de un orden distinto al de los orígenes del negocio de la droga, y la absurda lucha de los hombres por acceder a su control. Aprendí algo tan elemental como la importancia que para la salud física tiene la salud mental, si es que a fin de cuentas no son la misma cosa. Y a esto me refería cuando hablaba de la similitud del efecto psicológico de la droga con el que provoca la maternidad no deseada o que llega en un mal momento. De ahí, una vez más, el valor incalculable de decidir ser padres en el momento y en la situación que hayamos elegido libremente.

Es decir, la maternidad también magnifica el estado del recipendiario: si uno está bien, la maternidad le sienta mucho mejor, si está mal no acaba de saber qué hacer con este torbellino de sentimientos y emociones que despierta un hecho tan natural pero al mismo tiempo tan provocador y perturbador para la naturaleza de los seres vivos, para sus cuerpos, para sus mentes, para sus conciencias y para sus sentimientos.

De padres confusos, malhumorados e infelices es más fácil que salgan hijos maleducados, hoscos y desgraciados. Aunque sigan en todo los consejos y directrices de la publicidad y sean beneficiarios de lo que llamamos «calidad de vida»: tienen dos residencias, tienen coches, tienen todo lo que dicta la moda que exhiben como atributos de su persona, sin que ninguno de ellos logre alterar el rictus de desgana e irritación contenida que se les ha paralizado en el rostro. Son esas parejas que van a todas partes desplegando una tensión que no cede y que uno acaba por creer que es lo que les da la razón de vivir, porque van juntos a todas partes y no pueden soportar estar separados ni siquiera durante un viaje de avión de una hora. Pero debe de ser un tormento para los hijos que o bien acabarán imitando su modo de relacionarse, perpetuando en ellos la infelicidad de sus padres, o bien huirán despavoridos en cuanto les sea posible. Tal vez no del piso o el apartamento de los padres, pero sí del núcleo familiar, de sus conversaciones, de sus esperanzas, de sus derrotas y tensiones.

Nuestro presente, su futuro

Todos nosotros desearíamos ser distintos de como somos, no totalmente distintos, es cierto, pero sí con unos leves retoques que matizaran y potenciaran las cualidades que creemos tener, las peculiaridades de nuestra forma de ser. Para mejorar nuestro físico existen infinidad de médicos, clínicas, gimnasios y productos de todo tipo que se venden en perfumerías, farmacias y herbolarios. Más difícil es transformar nuestra forma de ser, sobre todo mejorarla por más que los líderes de la vida espiritual se empeñen en aconsejarnos y en darnos remedios infalibles, ya que de quien depende no es de ellos sino de nosotros mismos. Somos conscientes de que la vida en general es demasiado corta, de que no siempre el tiempo que se nos otorga es suficiente para poder conseguir todo aquello que nos hemos propuesto, y andamos muy atareados como para dedicarnos al perfeccionamiento de esas cualidades.

Desde que tengo uso de razón, sin embargo, estoy convencida de una forma confusa, pero inmutable, que lo que se desea de verdad de un modo u otro acaba por ocurrir por caminos inciertos y ocultos que llevan nuestros deseos a alcanzar su objetivo casi al margen de nosotros.

Hay algo, por ejemplo, en la forma de comportarnos con los hijos, tal vez de educarlos, o de guiarlos hacia unos intereses determinados, que les transmite aquel deseo oculto y, sin proponérnoslo, poco a poco se lo vamos inculcando. De tal modo que no seremos nosotros los que lo conseguiremos, sino ellos a través o gracias a nosotros.

Yo fui educada en la religión católica, mejor aún, en el Evangelio, a partir de mis seis años. Pero dejé de ser católica y creyente hace ya muchos años por diversos motivos, el primero de los cuales fue darme cuenta de la contradicción que existe entre los preceptos y la historia de la Iglesia católica y el mensaje de Cristo, su actitud fundamentalista respecto de la ciencia, o mi incapacidad de compaginar con la razón los misterios de la fe, la revelación y sobre todo la moral. Así llegué al agnosticismo, y sin entrar en detalles del que practico, ni detenerme en justificar las veces que impongo a ese agnosticismo los resabios de superstición ante pequeños hechos cotidianos que no sé muy bien por qué atávicos impulsos se me antojan de mal agüero, puedo afirmar que no creo en la existencia del ser superior que preconizan los católicos y que aceptan sin discusión personas a quienes respeto y admiro. En este sentido soy incluso atea. Pero mi actitud, soy consciente de ello, está cargada con una dosis tan exacerbada de anticlericalismo que a veces tengo la impresión de que mis diatribas contra los miembros de la Iglesia y sus consejos, ideas y preceptos, adolecen de una sombra de intolerancia que yo misma juzgo injusta, no por ser como son sino porque siempre he defendido el respeto por las ideas de los demás, aunque sean tan ajenas a la razón e, incluso, al buen sentido.

Y es que me cuesta entender que la doctrina de San Pablo sea continuación del Sermón de la Montaña, que la riqueza de la Iglesia no sea contraria a las parábolas del Evangelio, que la intransigencia y el fundamentalismo de los papas y obispos a lo largo de la historia tenga algo que ver con el reino de los cielos. Y como en mi infancia, aunque no en la escuela, tuve que soportar los rigores de tales desafueros y contradicciones, tengo tendencia a ser intransigente, lo que si bien no me produce el menor remordimiento porque yo no soy sino una partícula incruenta e invisible frente a lo que he sufrido, quisiera practicar mi agnosticismo con la misma templanza con que lo practico respecto a las demás religiones que nunca fueron las mías. Está claro que, si no lo he conseguido hasta hoy, ya no lo conseguiré. Tal vez tenga que ver con mi carácter, o tal vez el daño recibido precise de más tiempo del que la vida me va a otorgar para que pueda olvidarlo y sea capaz de opinar y juzgar sin que intervengan las experiencias de mi vida personal.

En cambio vi esa templanza reflejada en una de mis hijas a la que me gusta pensar que transmití el deseo, jamás formulado ni compartido, de practicar la virtud de la ecuanimidad. Y si yo no tuve la oportunidad de no bautizar a mis hijos, porque cuando nacieron no ser bautizado equivalía a no haber nacido, ella y sus hermanos no bautizaron a los suyos, es decir, hicieron con los suyos lo que yo habría querido hacer con los míos.

Pero no es al bautizo a lo que me refería, sino a la templanza y la tolerancia que me habría gustado practicar en relación con la Iglesia católica, con sus creencias, con sus dogmas, con sus inamovibles preceptos, pero sobre todo con su sangrienta historia.

Recuerdo un día en que fui con mis hijos al funeral del portero de la casa donde vivíamos entonces. Me acompañaban todos porque era un hombre bueno al que queríamos, igual que queríamos a Any, su mujer. Ya en aquella época habíamos dejado de practicar y los hijos pequeños que entonces tenían siete y ocho años ni siquiera habían hecho la primera comunión. Pues bien, estábamos en la iglesia y de pronto mi hija, la segunda, que debía de tener catorce años, a la hora de la comunión se levantó, se puso en la fila, comulgó y volvió a nuestro lado sin el menor asomo de ironía en los ojos, ni aprecié tampoco burla en los de sus hermanos que nunca desaprovecharon —ni desaprovechan aún— la ocasión de ironizar sobre las ideas y el comportamiento de los demás. Se arrodilló con la cabeza inclinada y al cabo de un momento se sentó. Yo estaba sorprendida, porque era una niña que a su manera desde siempre había tenido un sentido científico de la vida hasta el punto de que, en la clase obligatoria de religión, no perdía ocasión de hacer preguntas molestas e inconvenientes según el parecer de sus profesores, que más de una vez me habían llamado al orden. Incluso un día se atrevió a decir que nunca podría creer que María, la Madre de Jesús, siguiera siendo virgen después de la concepción, gestación y nacimiento de su hijo. Que esto era antinatural y que, por lo tanto, nadie se lo haría creer. Así que me pareció tan sorprendente y contradictorio con lo que yo conocía de ella verla comulgar, que tuve por un momento la imagen de una conversión en toda regla, una caída del caballo, como San Pablo, más profunda cuanto más feroz y escéptico había sido el rigor infantil pero científico de su pensamiento anterior. No me aventuré a preguntarle nada en aquel momento para no entrometerme en sus cosas si no era ella la que me daba la entrada. Pero me corroía la curiosidad y esperé una situación más propicia.

La ocasión llegó por la tarde cuando, tumbadas en el sofá naranja, hacíamos un crucigrama atrasado. Debió de aparecer una palabra, algo así como culto, doctrina, credo, creencia o confesión y yo, con la mayor naturalidad, como si me hubiera venido de pronto a la memoria, le pregunté:

—Por cierto, no sabía que ibas a comulgar.

—Nunca voy a comulgar, ¿por qué lo dices?

—Hoy has ido, ¿no? —continué con la vista en el periódico, tratando de parecer indiferente.

—¡Ah!, hoy. Sí, claro que he ido. Me pareció que a Any le gustaría.

Seguimos las dos con el crucigrama pero yo, en mi interior, estaba atónita. Con todo mi agnosticismo a cuestas, con todo el respeto que pretendía tener por las ideas de los demás, no había sido capaz aún de tener y mantener una actitud como la suya y creo que por aquellos años no habría podido ir a comulgar así, por deferencia a un amigo, sin tener la convicción que da la fe, y me di cuenta entonces de que mi hija me acababa de enseñar en la práctica, lo que yo había intentado enseñarle a ella con la teoría: el verdadero agnosticismo, pero también el verdadero respeto.

Ahora, después de muchos años, y quién sabe si gracias a lo que ocurrió aquel día, ya puedo asistir a cualquier rito de cualquier religión y participar en él con el mismo respeto que mi hija lo hizo en el funeral del portero, y me atrevería a decir más: creo que soy capaz de hacerlo como una forma más profunda de acceder al conocimiento de las creencias de mis conciudadanos o de los ciudadanos de otros lugares de este mundo donde se tienen otras concepciones de la vida, de la muerte y de la trascendencia.

———————

Pero el futuro de los hijos no sólo está en la culminación de los deseos no alcanzados por los padres, sean de orden psíquico, moral o material. Ese aspecto del futuro se les concede a algunos progenitores como un regalo, como un milagro que no estaba previsto, esto es todo, pero ni es indispensable ni hay que contar con él. El verdadero futuro de los hijos apenas tiene que ver con los padres que asisten a su llegada con estremecimientos de inquietud, dudas y hasta arrebatos de ira.

Con el porvenir de los hijos ocurre como con el fin de las vacaciones o de los viajes: no se lo ve hasta que se ha superado la mitad del tiempo previsto. Porque dejando aparte el horror que origina en muchos padres la sola idea de que un día lejano aún llegará un gañán, un corrupto empresario o un jovenzano sin escrúpulos, y se llevará a su hija para fornicar con ella, los hijos pertenecen por derecho propio al presente, y el futuro de los hijos ni se lo ve ni se piensa en él ni aparece en el horizonte hasta que los hijos comienzan a tener sus propios intereses al margen de los padres, más o menos hacia los doce o los trece años. Desde que son niños, sin embargo, el temor a ese futuro está latente y se los atosiga con la misma pregunta, ¿qué quieres ser cuando seas mayor?, a lo que el niño contesta casi siempre con una respuesta que, de ser cierta, dejaría a los padres desorientados y perplejos: bombero el hijo de un abogado, astronauta el de un albañil, bailarín el de un miembro del Opus Dei o cura el de un anarquista.

A veces, con los años, se van perfilando los gustos y las tendencias hasta concretarse y adaptarse a las salidas profesionales del momento. En esos casos los padres apenas se inquietan, a no ser que vivan con la obsesión de que su hijo siga una carrera o un oficio determinado, bien porque es el suyo o porque se les ha metido en la cabeza que con él será más rico y más próspero, o más famoso.

En otros casos, el hijo que no tiene una vocación definida y lleva bien los estudios se va inclinando hacia lo que le parece que le conviene más, porque lo que sí tiene claro es el tipo de vida que le gustaría en el futuro. O los hay también que, incitados o estimulados por los amigos que sí tienen sus preferencias, se apuntan al mismo carro que ellos para continuar juntos el camino ya que, por mucho que se esfuercen, no son capaces de descubrir el propio. Tampoco éstos hacen sufrir a los padres, por lo menos no fuera de los límites normales.

Hay los que encuentran un trabajo y dejan los estudios, los que se apuntan a empleos muy poco remunerados y poco creativos también pero que les ponen en contacto con el mundo profesional que les gusta, los que buscan en el trabajo sólo la remuneración y se adaptan a él con normalidad, y así una gama infinita de opciones, actitudes y posibilidades.

Pero también los hay, y al parecer cada vez son más numerosos, que no le ven tampoco la cara a su propio futuro, o no se la quieren ver, y con el pretexto de que no han aprobado los exámenes o la selectividad, otras veces con el de que todavía les queda tiempo y muchas más con la fatalista convicción, tan cierta en ocasiones, de que no habría trabajo para ellos si éste fuera su deseo, dejan pasar los días sin hacer nada, vagando por la casa medio vestidos, poniendo la música a todo volumen, llegando a dormir a unas horas imposibles para sus padres, a los que apenas dirigen la palabra y por supuesto ni siquiera responden cuando les preguntan qué planes tienen para el día de mañana.

Éste es el verdadero tormento para la familia que no sabe qué hacer ni qué es lo más conveniente para que el hijo salga de la abulia en la que está sumergido e inicie un camino, el que sea, pero no malgaste de este modo los años más fundamentales de su vida. Y es un tormento porque en esta situación no sirven ni los consejos, ni las amenazas, ni los gritos, ni los ejemplos de lo que uno era a su edad, ni vale recordarles sus deberes mientras vivan con sus padres, ni retirarles la paga semanal, ni presentarles el negro futuro que los espera de continuar en esta tesitura. Todo parece inútil. Y, sin embargo, no lo es. Se diría que hay chicos y chicas que necesitan de esta atonía para que acabe en su interior el desarrollo que precisan, para que encuentren el cauce por el que canalizar tanta energía difusa y oculta, y para que se ponga en marcha su inteligencia y su creatividad. Porque en la mayoría de los casos el futuro acaba por aclararse, tal vez no como querían los padres, pero sí como finalmente descubrirán que quieren y pueden los hijos. Es sólo una cuestión de tiempo y de paciencia, una virtud que casa mal con el sufrimiento que nos corroe y que no siempre somos capaces de poner al servicio de una causa tan brumosa, porque nos acechan los peores presentimientos y premoniciones. Sabemos que el desespero de los padres retrasa el proceso de los hijos, y su malhumor y su encono los fuerza a tomar actitudes mucho más radicales de lo que quisieran. Pero cuando tienen esas edades y están en esa disposición de ánimo, es tan difícil hacerles comprender que nuestro silencio es respeto y no indiferencia, que la paciencia cuando la hay no tiene por qué suponer consentimiento, que nuestra presencia y nuestra mirada no son reproches sino la forma de ofrecerles nuestra ayuda cuando la necesiten, que muchas veces nos dejamos llevar del ímpetu contenido de horas y días, y soltamos gritos y reprimendas esgrimiendo lo que es justo, o nos erigimos en controladores de sus entradas y salidas e incluso, si son chicas, de sus supuestas actividades sexuales. Todo lo cual no hace sino emponzoñar aún más la situación.

A mí también me corroían las dudas sobre la actitud que debía adoptar frente al incierto futuro que a mi modo de ver se cernía sobre mis hijos. Yo cometí seguramente los mismos errores que cometen buena parte de los padres llevados por el temor y la impaciencia, cuando no le ven salida a la actitud que han tomado sus hijos.

No estoy hablando de mi hijo mayor, Eduard, que aun yendo a la universidad debía ya de tener claro cuál sería su futuro profesional, si bien no nos lo confió hasta un día en que, a la hora de cenar y aprovechando que estaba solo en casa, nos dijo que le había comprado a un vendedor que había llamado a la puerta un equipo completo de fotografía, máquinas, objetivos, trípodes y yo qué sé cuántas cosas más, y una inmensa caja llena de cubetas y botellas con líquidos y lámparas rojas para el revelado, porque, según nos comunicó en aquel mismo momento, él quería ser fotógrafo. El pasillo se llenó de extrañas emanaciones, fétidas alguna vez, y no había forma de entrar en su cuarto que había convertido en una cámara oscura, pero en compensación nunca desde entonces nos ha faltado una, dos o mil fotografías espléndidas, que nos han servido para guardar incólume la memoria familiar. Porque fotógrafo ha sido y fotógrafo sigue siendo.

Ni hablo tampoco de la segunda hija, Anna, que casi desde el día que comenzó a caminar y a hablar mostró tanto amor por los animales que a lo largo de su infancia y su juventud nos fue llenando la casa de hámsters, gatos, cacatúas, periquitos, perros y ratas blancas que se reproducían a una velocidad muy superior a la que ella lograba colocarlas entre sus amigas. La veo aún una noche al llegar del cine, cuando no debía tener más de nueve o diez años, con las puertas cerradas del salón, los muebles movidos y dando saltos y tumbos entre ellos, desnuda porque así la había sorprendido la huida de las ratas, sin hacernos ni caso, ocupada en cazar las que andaban sueltas y descubrir en qué rincón se habían escondido las demás. O me veo a mí misma yendo y viniendo de Cadaqués en busca de una pareja para su periquito que se había quedado solo al huir volando la antigua, que ya había volado a su vez o se había muerto para cuando yo llegaba el viernes siguiente, y entonces había que volver a buscar otro periquito para que no estuviera solo el de la semana anterior, y así durante todo aquel verano. Aún recuerdo la cacatúa que se escapó por la ventana y durante meses la oímos graznar oculta en la copa de uno de los árboles, en la plaza que teníamos enfrente, que también debió de haber encontrado una pareja porque durante años los graznidos que salían del follaje se intensificaron para horror y tortura del barrio entero. Ninguno de nosotros tuvo jamás la menor duda de que aquella niña sería bióloga. Y doctora en Biología es hoy por una Universidad de Gales, en la tierra de Dylan Thomas, que ella misma eligió porque allí podría investigar el comportamiento de unos titís llamados *Argentata melanura* a los que, a medida que nacían, les ponía el nombre de sus hermanos y de sus primos, y cuyos estudios se financió ella misma con diversos trabajos y varias becas.

Tampoco hablo del tercero, David, que siempre traía a casa buenas notas y pocas veces quejas de su comportamiento en la escuela. Creo que descubrió muy pronto que quería dedicarse al cine, porque una vez acabados los estudios y después de trabajar un par de años como cámara de vídeo, se fue a Nueva York a estudiar cine y, como si quisiera emular la biografía de tantos americanos que llegaron a presidentes del Senado o de la nación, a vivir de los innumerables trabajos a los que se apuntó en los medios de cine, televisión y vídeo: foquista, eléctrico, auxiliar de cámara, editor e incluso chófer de la producción, hasta que al cabo de unos años volvió con la cámara al hombro y hoy tiene varios cortos y otras tantas películas en su haber como director de fotografía.

Hablo de los gemelos, los más imprevisibles, los más desconcertantes.

Loris había sentido siempre un atractivo especial por el peligro, le parecía que todo lo podía hacer y en consecuencia hacía todo lo que se le ocurría. Así volvía del colegio o de las excursiones con una descomunal herida en la cabeza o en la mano, con una pierna o un hombro rotos, con un ojo morado o un dedo torcido. Pero contento porque le parecía que había conseguido un hito en su vida de estudiante. Esta pasión por el peligro se le despertó tarde. Antes de los cinco o seis años era un niño pacífico y hasta reflexivo. Le gustaba mucho dormir y a veces lo encontrábamos dormido dentro de la bañera chupando la esquina de su almohadón y otras cerraba los ojos e inclinaba la cabecita en silencio y se quedaba traspuesto incluso si era la hora del desayuno. La voz cantante de los gemelos, en aquella época, la llevaba la niña.

Un día, cuando estaban comenzando a leer y a escribir, los encontré en su habitación: él estaba sentado a la mesa y ella le dictaba la carta a los Reyes.

—Queridos Reyes Magos —decía.

Y él repetía a media voz:

—Queridos Reyes Magos —a medida que pasaba de una sílaba a otra.

—Me gustaría...

—Me gustaría —repetía él chupando la mina del lápiz cuando le parecía que no era bastante oscura.

—...que me trajeran,

—...que me trajeran —escribía con tal concentracion y tan inclinado sobre el papel que los cabellos tendrían que haberle cubierto la vista.

—Dos puntos —dijo contundente la niña mientras pensaba la lista que iría a continuación. El levantó la cabeza y se quedó meditando. Pero enseguida reaccionó y, como si se lo preguntara a sí mismo, dijo:

—Y ¿para qué quiero yo dos puntos? Y aunque me trajeran dos puntos, ¿qué iba yo a hacer con dos puntos? ¿Para qué sirven dos puntos? ¿Qué se puede hacer con dos puntos....?

—Cállate ya —saltó ella impaciente, pero él siguió con sus reflexiones en voz alta sobre esos dos puntos a los que no les veía la menor utilidad.

Con el tiempo, con muy poco tiempo, sin embargo, esas reflexiones con ser tan intensas se vieron minimizadas por una energía desbordante que nunca más lo abandonó. Energía desbordante y economía de palabras, como su hermano el cineasta, aunque no de burlas y bromas y chistes que se cruzaban a tres bandas y se siguen cruzando los tres hermanos en cuanto uno de ellos empieza. A raíz de esta energía, supongo, le dio por hacer efectos especiales domésticos elementales pero espectaculares, como las luces intermitentes de discoteca que instaló en el dormitorio que compartían los tres pequeños y el cable con su cabina accionados por un motorcito con el que se pasaban, de su cama a la litera de su hermano, libros, cómics y hasta los primeros cigarrillos que compartían a oscuras, cuando apagaban las luces y la música, convencidos de que nadie los veía.

Cuando acabó el bachillerato y pasó la selectividad, se fue a la universidad. El primer día volvió a casa muy contento:

—¿Qué tal? —le preguntamos.

—Bien, muy bien.

—¿Te han gustado los profesores?

—Sí, me han gustado.

—¿Todo bien, entonces?

—Todo bien, sólo que no volveré.

El pánico por dentro y el esfuerzo para que no se me notara en la voz.

—¿Por qué? —pregunté con interés para disimular mi inquietud.

—No sé, pero no pienso volver.

Y no volvió.

Comenzó entonces esa época tan temida: se levantaba tarde, comía en silencio, se echaba una siesta y por la noche desaparecía hasta altas horas. Así pasaron meses que a mí me parecían años. Hasta que un día me comunicó que comenzaba a trabajar.

—¿En qué? —también intentando disimular la sorpresa.

—Voy a ser el ayudante, del ayudante, del asistente del jefe de efectos especiales de una película americana que comienza mañana.

Y de aquí partió todo. Cuando los americanos se fueron les pidió que en pago de una parte del trabajo le cedieran su equipo, y con él y con un socio que había trabajado con él fundaron la primera sociedad de efectos especiales, llamada Defectos Especiales, con la que comenzaron a ser conocidos en el medio. Hoy es productor, tiene su propia productora y sigue haciendo de vez en cuando efectos especiales, sobre todo si son difíciles y peligrosos, una pasión que conserva, aunque es cada vez más cauto porque si bien todavía no logra imaginar el futuro de sus hijos, no le queda más remedio que pensar en su presente.

Y ¿qué decir de Mariona, la gemela, aquella niña plácida y evaporada que no había forma de hacerle aprobar un curso? También a ella le llegó su hora, aunque en aquellos años nada hacía pensar que alguna vez hubiera de elegir y encontrar su camino y su profesión. Lo único que parecía importarle era el dibujo, pero tampoco le dedicaba ni horas, ni pasión ni siquiera esfuerzo. Vivía en su propio mundo y parecía no afectarle el nuestro. Sus coordenadas no coincidían con nuestros ejes de referencia y me atrevería a decir que ni siquiera con los suyos. Ni yo sabía qué hacer con ella ni ella misma tenía la menor idea de lo que quería. Un día que me tenía muy enfadada llegué incluso a vaticinarle que, de seguir así, no le quedaría más alternativa que casarse con un millonario y convertirse en una mujer objeto. No se inmutó, más sabia de lo que yo la hacía, y debió comprender hasta qué punto me tenía preocupada. Pero algo latía en su interior, además de un acendrado sentido artístico, para prevenir y evitar un futuro tan vulgar, tan esclavo y tan poco recomendable. Un día me dijo que quería ir a Londres y matricularse en una escuela de dibujo. Me di cuenta de que había heredado de mí la convicción de que los problemas se solucionan poniendo tierra de por medio, pero como ya sabía entonces que la propia experiencia no sirve para los hijos que, por muy prevenidos que estén, han de cometer los mismos errores que nosotros cometimos para llegar a un somero conocimiento y para crecer y convertirse en adultos, no me opuse. Se instaló en una habitación alquilada de un barrio de Londres y se matriculó. Y cuando llevaba varios meses de trabajo y de vida monacal y ascética, se le presentó la oportunidad de «aprender a manipular imágenes en movimiento por ordenador en vídeo», con estas palabras me lo comunicó un día por teléfono y me dejó pasmada porque yo, desde luego, nunca había oído hablar de esta profesión ni tenía idea de que tal cosa existiera. Y cuando al cabo de unos meses volvió a Barcelona, ya tenía un puesto en una empresa de posproducción digital y hoy es una excelente realizadora que, con su capacidad de creación y su trabajo, ha desmentido con creces los funestos pronósticos de su madre sobre el futuro incierto que le esperaba y sobre su imposibilidad de bastarse a sí misma y ganarse decentemente la vida.

Yo defiendo que todo es cuestión de tiempo y paciencia, pero al recordar aquellos años me echo a temblar y me doy cuenta de que es fácil dar una opinión o un consejo cuando el problema está solucionado. Nada hay más doloroso que enfrentarse a una situación difícil sobre todo si son protagonistas unos hijos que apenas han alcanzado la edad adulta. Una situación que no nos da indicios con que entenderla, ni disponemos de recursos para resolverla, ni sabemos de dónde sacar habilidad para no empeorarla.

Aun así, sigo recomendando esa paciencia que facilita la confianza y la confidencia y que tiene muchas probabilidades de verse recompensada con el éxito, aunque sólo sea porque ponerse a la contra y arrogarse el papel de padres justicieros o de jueces y verdugos, nunca ha dado buenos resultados.

La inutilidad
de la renuncia

Vivir la maternidad o la paternidad como una renuncia y una entrega a los demás, como sacrificio, es posiblemente uno de los grandes errores de la maternidad y de la paternidad. No quiero decir que los padres no tengan que sacrificarse por sus hijos, ni entregarse a ellos, pero no más de lo estrictamente necesario y sin que ese sacrificio se ponga a beneficio de inventario y no se contabilice como un haber de los padres que de un modo u otro reclamarán el día menos pensado la gratificación, el pago. Porque esa sensación que algunos hijos tienen de estar en deuda con nosotros es lo más contrario que existe al amor y lo que más dificulta la convivencia y la buena armonía cuando ya los hijos son mayores y tienen sus propios hijos. Pero también cuando son niños.

Nadie soporta que sus padres le echen en cara un día y otro lo mucho que han hecho por ellos y que le estén contando a todas horas a lo que han debido renunciar para darles una vida como la que llevan, para pagarles los estudios, para enviarlos de vacaciones, para que tengan lo que ellos nunca imaginaron que podrían tener. Recordarle al hijo las propias privaciones de la infancia, la disciplina a la que fueron sometidos, la falta de libertad, las carencias de uno y otro tipo, y repetirles que a pesar de ello su comportamiento era mucho más digno del que ellos mismos reciben de los hijos a cambio de tantas, tantísimas ventajas como tienen, y echarles en cara el alto grado de generosidad que vuelcan en ellos en todas las ocasiones, tal vez responda a la verdad y tal vez sirva para que los padres se desahoguen y den rienda suelta a la desazón que el peso de la paternidad les provoca. Pero es un tremendo error.

Si el hijo reconoce el mérito y no es un desalmado, calla y muy a pesar suyo va cociendo un rencor contra los padres que un día u otro habrá de estallar. Pero mientras tanto provocará un distanciamiento, una frialdad en sus relaciones que muy pronto hará imposible su recuperación.

Por si fuera poco, las recriminaciones de los padres tampoco cumplen su objetivo sino, bien al contrario, la misma reacción que provocan en sus relaciones pone a los hijos en una situación tan negativa que difícilmente les ayudará a estudiar más, a llegar más pronto por la noche, a ser más cariñosos o a cualquiera de las actitudes y comportamientos que los padres les exijan.

Tengo una amiga que ha dedicado muchos años de su vida al cuidado de los ancianos, los visita en sus casas o en sus residencias y procura alegrarles la vida a su modo. En su opinión, las mujeres y los hombres que tienen hijos lo pasan mucho peor que los que no los tienen. Decía ella que la mayoría de los padres no logran entender cómo sus hijos no se ocupan de ellos cumpliendo una regla de reciprocidad elemental. Son incapaces de comprender que la vida mira hacia adelante y que sus hijos ya tienen bastante con cuidarse de los suyos, de tal modo que en las residencias quienes más sufren son las madres y los padres que esperan siempre la visita de los hijos. Pero cuando van a verlos tampoco están satisfechos, porque ninguna visita, ningún cuidado, es comparable al que ellos mismos prodigaron a sus hijos en la infancia y la adolescencia. Y el pensamiento de que los hijos están en alguna parte no les produce más que un gran dolor y a veces resentimiento, aunque estén convencidos de que acudirán a su lado si algo les ocurre. En cambio, decía mi amiga, las mujeres que tienen sobrinos, como nada esperan de ellos, cualquier visita, cualquier atención, es motivo de alegría, porque ni es esperado ni en justicia es reclamado.

La renuncia, o mejor dicho, la actitud constante de que se ha renunciado a lo mejor de la vida para ponerlo al servicio de los hijos, no hace sino amargar la vida del que la practica y de las personas de su entorno. El que renuncia tiene siempre de sí mismo un altísimo concepto, y aunque sea discreto y no vaya por el mundo contando la grandeza de su generosidad, en su actitud hay siempre algo que pide a gritos la alabanza y la compensación.

Con todo, no es esa compensación lo que hace tan denigrante el sacrificio, ni el reproche tácito o explícito que nunca deja de manifestarse, sino la suprema hipocresía que esconde, porque es evidente que ese mismo sacrificio, en el que el padre o la madre han cifrado la justificación de su existencia, ya lleva en sí el premio que reclama.

El hijo, además, está indefenso ante estos beneficios de la entrega que los padres le otorgan. Indefenso porque nunca los ha pedido ni exigido, a no ser que los propios padres, en un alarde de mala educación, le hagan creer que tiene derecho a ello. Con lo cual se da la paradoja de que los padres exigen gratificación por algo que según sus modos de educar al hijo, y de entender la vida suya y de su familia, es una santa obligación.

Pero como decía, hasta que sus padres no lo malcrían el hijo por no pedir ni siquiera ha pedido venir a este mundo, por lo tanto difícilmente entenderá qué deuda le reclaman y cómo puede satisfacerla.

Mientras la familia funciona con el día a día, es decir, mientras los hijos son menores y viven con los padres, esa renuncia, ese sacrificio no pasa de ser una cantinela constante que ellos oyen cada vez con más indiferencia. Son cosas de los padres, piensan, y no le hacen demasiado caso. Pero la cuestión se complica con la edad, cuando los hijos se van y sienten el tirón de la obligación, del reproche, y como no se defiendan los atenazan los remordimientos.

Hay padres, sobre todo madres, que pretenden sacar un gran provecho del cuidado que han prodigado a los hijos, y a poco dominante que sea su carácter, a poco convincentes que sean sus alegatos y sus argumentos, acaban disponiendo de su voluntad y haciendo de ellos peleles obligados a cumplir lo que según su criterio no es sino su deber. De ahí la mala fama que tienen las suegras en el imaginario popular, siempre creyéndose en el derecho de inmiscuirse en la vida de su hijo, derecho que les asiste por los años que le han dedicado y, cómo no, por el sentido de la propiedad que no saben abandonar y que ni siquiera cederá ante la nuera o ante el yerno. Todo esto provoca malestar e imposibilita el normal desarrollo de las relaciones entre sus hijos y las parejas que eligieron.

Tampoco creo que los padres debamos dejarnos llevar por los remordimientos cuando se nos escapa un bofetón o cometemos un error. En la vida diaria todos somos testigos de todos, en esa especie de paso previo a la más absoluta intimidad que es la convivencia, y por tanto quedan al descubierto nuestras debilidades y nuestros defectos, nos vemos las caras cuando salimos de la cama, nos soportamos cuando estamos enfermos y sabemos de memoria nuestras debilidades y nuestros defectos. Y del mismo modo que los padres procuramos no dramatizar los errores de los hijos, lo natural sería que fuéramos también benevolentes con los nuestros y los aceptáramos, lo que nos evitaría parapetarnos en posiciones intransigentes como la incapacidad de reconocerlos o, lo que es peor, el drama de provocar una escena para demostrar que nos hemos arrepentido. En estas ocasiones lo que va mejor es el sentido del humor, que casi todo lo arregla, casi todo me refiero a los roces y enfrentamientos que a la fuerza han de producirse en la vida cotidiana. Así me pareció entenderlo el día que eché la ensalada de toda la familia a la cara a mi hijo mayor.

Mi hijo mayor, en contraste con su extremada sensibilidad, tenía una capacidad de hacer perder los nervios a quien se propusiera. Era capaz de no perder la calma ante una regañina o incluso ante una indirecta que a veces yo utilizaba como intermedio entre el aviso y la bronca. No sólo no se inmutaba, sino que en sus labios aparecía un rictus casi imperceptible a primera vista pero evidente para los que lo conocíamos, un rictus de ironía distante, de suficiencia contra el que no había forma de luchar. Y a medida que lo mantenía en su rostro, quien le estuviera riñendo se iba alterando más y más, sin que él cambiara la expresión ni moviera un músculo.

Un día estábamos sentados a la mesa y no recuerdo por qué le hice una indicación que debió de parecerle inadecuada o injusta, el caso es que cuando levanté la vista del aderezo de la ensalada de endivias que estaba preparando, vi en su rostro el tan temido rictus que me provocó de inmediato un sentimiento muy parecido a la ira. Así que me dediqué a mezclar la ensalada con un entusiasmo y una furia que denotaban a todas luces la tempestad que se cernía sobre todos nosotros. Él me miraba sin pestañear, con aquella media sonrisa inmovilizada en la cara. No recuerdo lo que ocurrió, cualquiera de los hijos que estaba presente podría dar razón de ello, sólo sé que cuando comprendí que la ensalada estaba a punto de disolverse de tantas vueltas como le había dado con la furia de un devastador tornado, y no sabiendo cómo deshacerme del remolino de irritación que crecía y crecía y giraba cada vez a mayor velocidad dentro de mí, levanté la ensaladera y como si vaciara un cubo de agua a gran distancia, le tiré a la cara el contenido entero del cuenco de las endivias, nueces y manzanas, sobradamente aliñadas. Hubo un momento de estupor y silencio. Tristán, el perro, que estaba durmiendo bajo la mesa, se escurrió con las orejas gachas y fue a hacerse un ovillo en una esquina del sofá naranja, los demás hijos se quedaron con el tenedor en la mano, inmóviles, como yo con mi ensaladera vacía. Él no se inmutó: con el reverso de la mano se sacudió el grueso de la ensalada, se levantó para ir a limpiarse y cambiarse, pero no por ello cambió la expresión de la cara. A mí ya no me afectaba porque, es curioso, el tremendo arrebato me había quitado aquella ira irrefrenable que la media sonrisa había despertado en mi alma. Poco a poco los tenedores volvieron a los platos, aunque nadie osaba hablar, ni siquiera yo, que era consciente de que por lo menos debía pedir disculpas. Vino la asistenta a limpiar la mesa y el suelo. Yo conté hasta diez, con la esperanza de que se me ocurriera algo que decir, algo que le quitara hierro a la estúpida escena que había organizado. La ira había desaparecido pero la estaba sustituyendo un sentimiento que oscilaba entre la vergüenza y el remordimiento. Y estaba por abrir la boca y hablar, porque era consciente que algo tenía que decir, cuando volvió el hijo sonriente y limpio, fue a sentarse en su sitio y rompió el silencio. No había resentimiento en su voz cuando dijo:

—Te has pasado, mamá, nos has dejado sin ensalada y a poco me dejas tuerto.

Si acaso ironía y un asomo de burla que zanjó la cuestión y devolvió a la mesa el bullicio habitual de risas y voces, como si alguien hubiera abierto la espita de un aliviadero y, al cabo de diez minutos, las chanzas y los chistes no tenían más que un solo tema: el ardor guerrero y la puntería, y un único objetivo: yo.

Desde entonces han sido infinitas las veces que he tenido que soportar alusiones llenas de guasa a aquel hecho que se ha convertido en una referencia constante de mis múltiples y variados arrebatos, y uno de los más famosos del anecdotario familiar que sale a relucir a la más mínima ocasión. En cuanto a la ensalada, ha pasado a ser la ensalada de las grandes fiestas. De hecho es el único plato que nunca desaparece de los menús y aun hoy, cada año por Navidad, cualquier plato que elijamos viene acompañado por la famosa ensalada de endivias, aderezada con nueces, manzana cortada a trozos y aliñada con una vinagreta a la que se le añade una cucharada de mostaza. Es una delicia.

No sé cuántos arrebatos habré tenido en mi vida de madre de familia, me temo que bastantes, pero fueron arrebatos momentáneos que, quiero esperar, no dejaron regueros de malestar ni rencillas, y que si los hijos tenían un día simpático —entre cinco siempre había uno dispuesto a tomarlo con humor— perdonaban y encima se reían de él, con lo cual tuve siempre la impresión de que, soportando la broma, pagaba por mis desafueros, y volvía la tranquilidad.

Pero cuando los hijos son tan pequeños que no entienden lo que pasa, superar la situación es más complicado.

Un día, hace tantos años que ni siquiera vivíamos todavía en el espacioso piso del sofá naranja, cuando yo no había cumplido aún los veintiún años y no tenía más que dos hijos, Eduard y Anna, ocurrió algo que siempre me ha dejado una vaga sensación de bochorno. Era domingo, había fútbol como cada domingo desde que tengo uso de razón, y hoy ya puedo añadir que cada día, a cada hora, cada minuto. Entonces sólo cada domingo. Así que estaba sola en casa y, como era fiesta, no había ninguna asistenta para ayudarme. Después de comer había ido al parque y había vuelto con esa sensación de soledad y angustia que ya conocía. Había oscurecido, era invierno, tenía que encender la calefacción. No había calefacción eléctrica ni de gas, así que había que encender la caldera con teas y papel y echarle carbón que previamente había que sacar de la carbonera con la pala. Yo no tenía costumbre y lo hacía tan mal que el ambiente se llenaba de polvillo. La niña lloraba en la cuna porque tenía otitis, el niño acababa de abrir los grifos del lavabo y se había inundado el baño, la calefacción se resistía a encenderse porque no podía prestarle la atención debida, ocupada como estaba en recoger el agua. Harta de ensuciarme y de sacar el niño del cuarto de la caldera, cuando ya estábamos los dos completamente carbonizados, decidí encender la chimenea. Fui a buscar troncos con el niño de la mano para que no hiciera más trastadas. La niña seguía llorando. La chimenea no se resistió pero encandiló al niño que no se movía del fuego. Lo encerré en su cuarto con sus juguetes mientras daba el biberón a la niña para que no se quemara y comenzó a berrear. La niña no quería el biberón así que la dejé llorando en la cuna y llamé al médico. No estaba, pero su mujer me dijo que iría a casa sobre las diez de la noche. Eran las siete. Preparé el baño para el niño, con lo que se le aclaró la piel y se le calmó la ira. Por un momento respiré, pero no tardó ni un instante en recomenzar el ruido con los llantos de la niña que debía dolerle el oído y el niño que se negaba a salir del agua. Lo dejé un rato más y fui a ponerle gotas al oído de la niña. Luego saqué al niño del agua sin hacer caso de sus gritos, aunque cada vez estaba más tensa, y le puse el pijama y la bata y lo llevé a la cocina para darle de cenar. No recuerdo si se me quemó la papilla o la sopa, pero no me extrañaría, porque mi capacidad de resistencia estaba llegando a su límite. A todo esto la chimenea se había apagado y la calefacción en cambio no del todo, pero tampoco andaba, o sea que se llenó la casa de una humareda que yo no sabía cómo eliminar. Abrí las ventanas y el niño comenzó a estornudar. Lo abrigué más y lo senté sobre la nevera baja del office y comencé a darle la papilla. Escupía cada cucharada, yo creo que consciente de que mi debilidad en aquel momento le permitía sobrepasar el límite que en otras ocasiones yo le habría puesto. ¡Plaf!, ¡plaf!, una y otra vez mirándome fijo a los ojos para ver el efecto que me hacía. «Come —le conminaba yo—. Come, no hagas marranadas.» ¡Plaf!, seguía él, ¡plaf!, sin dejar de mirarme. No sé lo que duró aquella tortura, más tarde, en mi obsesión por justificarme me decía que había intentado darle el plato entero. Pero debí perder muy pronto la paciencia porque cuando sin apenas pensarlo dejé la cuchara sobre un estante y agarré el plato con las dos manos para estar segura de que efectivamente lo estrellaba contra el suelo con todas mis fuerzas, la papilla llegó a todos los rincones de la cocina, del office y de la sala, por lo que no me quedó más remedio que reconocer que apenas le había dado unas cuantas cucharadas. La niña dejó de llorar unos segundos asustada por el estruendo para reanudar con mayor fuerza al instante, aumentando así la excitación que su propio llanto le provocaba, que se me iba grabando en el punto más profundo de mi cabeza y de mi conciencia. El niño, en cambio, se quedó tranquilo sobre la nevera y, con esa imperturbabilidad de que hacen gala los niños por pequeños que sean, cuando se saben dueños de la situación, siguió repitiendo su ¡plaf! ¡plaf! con la papilla que le quedaba en la boca. Yo fui la más sorprendida, porque mis movimientos se habían anticipado a mi conciencia y para cuando me quise dar cuenta me encontré arrodillada en el suelo recogiendo de los rincones las masas y grumos de la papilla que se empeñaban en secarse sobre los muebles mucho antes de que yo llegara con mi trapo mojado. Al cabo de un momento la niña debió de dormirse por el efecto de las gotas y se hizo el silencio. Aproveché para limpiar la boca del niño y llevarlo a la cama, donde se quedó quieto y sin rechistar, jugando con su coche de bomberos. Yo volví a la sala a terminar mi labor de limpieza. Entonces sentí frío, porque la ventana seguía abierta absorbiendo el humo de la calefacción. No sé lo que ocurrió, hubo una corriente de aire y la ventana de la cocina se cerró de golpe con un ruido que interpreté como que se había roto el cristal. Me quedaba una vaga esperanza de que así no fuera pero ni siquiera me levanté a comprobarlo. Me dejé escurrir hacia el suelo y, hecha un ovillo, dejé brotar las lágrimas que habían asomado y que yo notaba hacía rato por el hormigueo en los ojos, y nada hice para evitar que se convirtieran en sollozos y gemidos y finalmente en hipos.

Así me encontró mi marido que volvía del fútbol de malhumor porque había perdido el Barça, una tragedia comparada con la tranquila tarde que se suponía que yo había pasado, me vino a decir horas más tarde.

Se quedó pasmado al encontrarme en aquella situación.

—Pero, ¿qué estás haciendo sentada en el suelo? —Se detuvo un momento y luego me preguntó—: ¿Te has hecho daño?

Pero debió entender que no, que no me había hecho daño, y sin esperar respuesta se fue a cerrar las ventanas:

—¡Estás loca! Si acaba de decir la radio que está a punto de nevar.

Y me ayudó a levantarme con ese aire que adoptan algunos hombres cuando no saben muy bien qué decir, porque las lágrimas no les gustan, los desconciertan, y prefieren pasarlas por alto antes que saber a qué se deben. Así que no tuve a nadie que le diera la vuelta a la situación, y yo era entonces incapaz de reírme de mí misma, me tomaba muy en serio y, sobre todo, como mi intelecto no tenía otra cosa en qué ocuparse, sentía mucha pena de mi persona. Así que aquel plato de papilla y el impulso que lo había esparcido por el suelo quedaron un poco enquistados en mi corazón, o donde se enquisten estos actos que tanto le deben al inconsciente, y aún hoy me cuesta tomarlo a broma, tal vez porque no soy capaz de quitarle el poso de amargura y de impotencia que lo provocó.

Y es que a veces la vida cotidiana de las madres cuando los hijos son pequeños puede ser muy dura. Un poco menos ahora que algunos padres comparten con ellas el cuidado de los hijos. Pero ni yo, ni ninguna mujer de mi generación, tuvo la menor idea del solaz y la satisfacción que esto suponía. Los padres no ayudaban. Aunque ahora todos presuman de haber sido la excepción. Doy fe.

———————

Cuando miro atrás hacia aquella época de mi vida me admira pensar que yo no trabajaba todavía, ni siquiera estudiaba. No sabía aún el ajetreo que habría de llevar muy pocos años más tarde, con tres niños más y un empleo en una editorial. Desconocía lo que era arañarle un minuto al tiempo para estar en todas partes. No sabía lo que era ir y venir del trabajo para poder compaginarlo con los hijos, los amigos, la lectura y la casa. Y, más tarde, la afición al mar y a los deportes, y las ganas de salir y de divertirme, a las que tampoco renuncié a partir del momento que me deshice de las normas. Y me veo a mí misma los viernes por la noche llenando el coche de niños y de esquís, botas y bolsas, y volviendo con ellos el domingo, dormidos en la parte trasera convertida en camioneta, agotados y felices como yo, que no me arredraba ante la semana que me esperaba ni ante el próximo fin de semana, igualmente enloquecido, ni ante el futuro que tenía ante mí, lleno de expectativas, proyectos, compensaciones. Y me digo ahora que todo es posible cuando no hay aburrimiento, un aburrimiento que para no reconocer a veces no tenemos más remedio que llenar de culebrones de la televisión, de revistas del corazón, de peluquerías y de meriendas de cotilleo. Estoy covencida de que el aburrimiento viene de la contemplación del páramo que se extiende ante nosotras. Cada persona tiene su páramo particular que se nutre de la insatisfacción, y la insatisfacción no es más que el convencimiento de que hay en nosotros energía y capacidades desperdiciadas, aunque no hemos sabido o no hemos tenido ocasión o fuerza para descubrir en qué consisten, qué es lo que quisiéramos hacer.

Fue por aquellos primeros años cuando lo comprendí. Habíamos ido a pasar unos días a la playa con unos amigos. Los maridos iban y venían de la ciudad y las mujeres nos tumbábamos en la arena a ponernos morenas y ver jugar a los niños.

La amiga que nos había invitado me dijo un día al despertarse de un sopor mañanero a pleno sol:

—A mí el verano me encanta. Los niños no van a la guardería, así que te puedes levantar más tarde. Luego te vas a la playa y, entre el baño y un sueñecito que te echas, pasa la mañana. Luego comes y te echas una siesta. Te levantas, das un paseo, cenas y ya se ha pasado el día. ¿Entiendes?

Yo lo entendía, entendía el panorama desolador que se cernía a mi vista, el panorama de no tener otra cosa que hacer que cumplir un papel, una obligación, sin echarle a la vida, a esa misma vida si se quiere, un poco de fantasía y humor y, por tanto, cuanta menos conciencia se tuviera del paso del tiempo, tanto mejor. Y entendí que eso era lo más parecido a desperdiciar la vida, esto era a fin de cuentas el verdadero aburrimiento.

—No, no me aburro —dijo ella cuando le expliqué mi versión—. No me aburro en absoluto, me encanta el verano, me encanta que pase el tiempo sin que me entere.

Pero aun no queriendo ver cómo pasa el tiempo, aun si se tienen otros objetivos que los familiares, insisto, si una mujer no tiene una específica vocación de estar con niños pequeños, con bebés, los primeros meses se hacen a veces duros, por el trabajo y la atención que les prestamos, pero también por el nivel mental al que hemos de adaptarnos para estar a su altura. Unas horas no importan, pero cuando se tienen dos niños muy pequeños y acaba de nacer un tercero y hay que estar con ellos las veinticuatro horas del día, por muy feliz que nos hagan esos hijos tan deseados, uno acaba preguntándose si alguna vez será capaz de volver a razonar como lo hacía antes. Mi hija Anna lo resumió muy bien. Estaba en el cuarto mes de baja por maternidad cuando le pregunté si quería cenar conmigo y con sus hermanos.

—Bueno —añadí con cautela—, si te lo puedes arreglar y si te apetece.

Me miró sorprendida.

—¿Cómo no me va a apetecer —respondió alarmada por mi incomprensión— cenar con adultos?

O esa otra vez que mi hermana y yo jugábamos cada una con su primer nieto, tratando de hacernos comprender por la mentalidad de su año y medio o dos. Hablábamos con frases breves y palabras entrecortadas imitando las suyas con esa forma absurda que tenemos en general de dirigirnos a los niños muy pequeños para despertar su interés utilizando sus balbuceos o, lo que es peor, insistiendo para que nos hagan la última gracia que han aprendido. Y de pronto nos dimos cuenta de que parecíamos dos idiotas.

—Rosa —me dijo ella descorazonada—, estamos bajo mínimos.

La proliferación de malos tratos físicos de los padres ha hecho que tengamos verdadero horror a los bofetones. No es que yo sea una defensora de las palizas ni de las bofetadas, pero tengo que reconocer que, a veces, con los padres agobiados por mil pequeñas cosas que se han ido sucediendo y siguen sucediéndose, no ya en la tarde del domingo sino en cualquier otra, en la que se acumulan los contratiempos y nos incitan a reaccionar violentamente, una bofetada a un hijo es inevitable, y yo creo que no hay que darle mayor importancia.

Sin embargo, el segundo cachete se nos escapa con mayor facilidad y la situación que podría justificarlo es mucho menos agobiante. Y así ocurre con el tercero y el cuarto, hasta que se convierte en costumbre. Y entonces se acaba solucionándolo todo con un cachete. ¡Zas! ¡Te voy a dar y ¡zas! ya le ha caído al niño ¡zas!

Lo peor es que el cachete acaba sustituyendo el razonamiento por el que se supone que el niño ha de comprender por qué no puede seguir haciendo lo que hace. En teoría, porque en la práctica tal vez no siempre la admonición surta efecto, y a veces lo hace pero sólo al cabo de los años. Ésta es la razón por la que no hay que desesperar jamás.

Pero al margen de las consideraciones que los padres debemos hacernos sobre cómo atajar la costumbre de que se nos vaya la mano con mayor frecuencia de lo que quisiéramos (cuando digo que se nos vaya la mano me refiero siempre a un cachete, no a los golpes, ni a los guantazos ni a las palizas), hay que reconocer que un cachete a tiempo es una buena solución. La pena es que como la costumbre todo lo mata, también acaba con el efecto que produjo la primera vez y consigue enervarnos a nosotros y dejar a los niños llorando, si no cada vez más indiferentes respecto de la amonestación o el castigo que supone.

Mi hija pequeña era la encargada de cuidar de la gata, de hecho era su propietaria. La gata se llamaba Franky, tenía el pelo sedoso de tonos gris perla, unos grandes ojos verdes y un maullido tenue aunque, a decir verdad, bastante penetrante. Ella la adoraba. Lo que no quiere decir que todos los días se acordara de darle de comer. De hecho se olvidaba con cierta frecuencia y Franky nos perseguía frotándose contra las piernas del primero que encontraba para enternecerlo y conseguir una ración. Todos acusábamos a Mariona de matar a la gata de hambre, de no tener entrañas, y sobre todo de tenerla esclavizada obligándola a dormir en el hueco que hacían sus piernas bajo la sábana y la manta o a estarse quieta a su lado mientras, con la mirada perdida en sus ensoñaciones, la retenía con una mano y con la otra le acariciaba el pelo. Sus hermanos, que no perdían ocasión de atosigarla, llegaron incluso a fundar el Partido Político para la Liberación de Franky por las Noches. Pero ella no les hacía ni caso y se iba a la cocina a abrir una lata seguida de la gata que aceleraba sus lamentos al oír que se ponía en marcha el abrelatas eléctrico.

Una mañana, al ver que no salía de su cuarto a pesar de ser ya muy tarde, entré en su habitación y la encontré plácidamente tumbada sobre sus almohadones, con la gata sobre el estómago ronroneando de placer por las cadenciosas caricias de su mano que iba y venía del hocico al lomo.

—Date prisa, Mariona —le dije—, vas a llegar tarde a la escuela.

Ni se movió, me miró de soslayo con indiferencia y siguió acariciando la gata.

—Anda, date prisa —insistí, y para no impacientarme más aún me fui con los demás a desayunar.

A los diez minutos no había entrado todavía en el baño, así que volví a su cuarto. Seguía acariciando a la gata y la gata seguía ronroneando, ninguna de las dos se había movido de su posición primera.

—¡Levántate! —le dije, esta vez con más energía—. Levántate de una vez que estamos llegando tarde. Y deja ya de acariciar a la gata.

Y volví a marcharme.

La tercera vez entré como una tromba en la habitación.

—¿Quieres hacer el favor de levantarte? Te estamos esperando todos.

Entonces ella, mirándome de esa forma que miran

los niños a veces, con serena provocación, como queriendo retarme a ver quién podía más, y sin dejar de acariciar a la gata, susurró:

—Tranquila, mamá, tranquila —con una voz y un tono que ponían de manifiesto no sólo su decisión de levantarse cuando lo creyera conveniente, sino que además, y por si fuera poco, parecía acusarme del hostigamiento a que la estaba sometiendo y de lo exagerado e injusto de tanta impaciencia.

—Tranquila —repitió una vez más sin dejar de acariciar la gata y sin desviar sus ojos de los míos.

No pude contenerme, ni siquiera lo pensé, ni por supuesto lo decidí. El bofetón le sonó en la cara y retumbó en la habitación. Uno de esos bofetones sonoros y contundentes, un chasquido perfecto con los que a veces nos sorprenden los trucos de los payasos.

No vi la cara que ponía ni cómo había reaccionado porque, humillada por haber cedido a ese irreprimible impulso, me escurrí a toda prisa hacia la entrada donde los demás cargaban ya sus carteras. Pero debió de tener su efecto, porque no habían pasado cinco minutos cuando la vimos aparecer en silencio. Aquel día se quedó sin ducha, sin lavarse los dientes y sin desayuno, pero tuvo que soportar, y yo con ella, las burlas de los hermanos que debían haber visto la escena y se dedicaban a repetirla con voces y gestos.

Durante unos días pensé en hablar con ella de lo ocurrido, pero buscando en vano las palabras precisas que suavizaran o justificaran la aparición en nuestras relaciones de aquel bofetón inesperado, pasaron las semanas y dejé de encontrar perentorio el encuentro, así que esperé a que el mal sabor que me había dejado mi arrebato se fuera diluyendo entre las bromas reiteradas de los hermanos.

Sin embargo, muchos años después, el mismo día en que nació su primera hija, en el mismo momento en que la bajaron de la sala de partos y la dejaron en la cama, me agaché a besarla y entonces susurró en mi oído, con su voz suave, todavía quebrada:

—Me parece, madre, que ahora voy a empezar a comprender muchas cosas.

Teníamos las cabezas juntas, y juntas mirábamos aquel ser diminuto envuelto en una toquilla que le acababan de traer. Entonces, remedando aquella voz suya que había creado un invisible reducto de intimidad, le pregunté:

—¿Todas?

—Creo que todas, madre. —Y me pareció entender que, de haberlas habido alguna vez, se habrían extinguido en aquel momento las últimas brasas de aquella historia lejana que en el anecdotario familiar se conoce aún por «el bofetón del día de la gata».

Aun así, yo sigo convencida de que un bofetón a tiempo soluciona, aunque sea momentáneamente, una situación insostenible. Es un sistema elemental de hacerse obedecer que en alguna ocasión he utilizado con éxito. A él recurrí un día en que con ese entusiasmo y humor que me caracterizan me llevaba a seis niños, entre ocho y diez años, a un campamento de verano en los Alpes. Habíamos salido de Cadaqués a las tres de la madrugada porque quería hacer el viaje en el día y disponer de tiempo para bañarnos en un río y comer el picnic que llevábamos con nosotros, tumbados bajo un árbol. Venían mis tres hijos pequeños, un sobrino y dos amigos suyos que iban al mismo campamento. El coche era un Seat muy grande, de los que todavía tenían un único asiento en la parte delantera donde cabían tres personas y otras tantas, o incluso cuatro si eran niños, detrás. Durante los primeros cien kilómetros los niños iban medio dormidos, recién salidos de la cama como estaban, pero poco a poco se fueron despertando y para cuando comenzó a amanecer, más o menos a la altura de Narbonne, estaban del todo despejados. Comenzaron a tener hambre, a pedir agua, a preguntar «cuándo llegamos», a pelearse, pero dentro de unos límites soportables. No había autopista aún en todo el tramo hasta Lyon, así que seguíamos la nacional que bordea la costa. Y de pronto, en la bruma del alba, apareció en el horizonte el segmento rojo de un arco de un rojo intenso, bermellón, sangre de toro y fuego, que iba levantándose sobre el mar hasta que se convirtió en un disco espectacular e inmenso que contenía condensada en el color toda la luz del mundo. El paisaje estaba aún en la penumbra y el cielo apuntaba tímidamente hacia el blanco. Era un espectáculo en blanco y negro, dominado por el globo rojo. Los niños y yo estábamos atónitos. Yo seguía conduciendo contenta de que algo los tuviera distraídos y se olvidaron un poco de sus necesidades y de sus quejas. Llevábamos un buen rato embobados con los ojos fijos en el cielo cuando uno de los amigos de mis hijos, en pleno éxtasis, exclamó:

—¡Qué bonito, parece América!

No sé lo que le llevó a comparar aquel insólito amanecer y la salida del sol rojo como una granada con América, ni entendí la reacción que provocó en todos los demás. Fue un alboroto súbito, como si con esa incomprensible frase se hubiera roto un muro de contención. Reían y chillaban todos a la vez y por más que yo intentaba hacerlos callar ni me oían y si me oían no me hacían caso. Tras los gritos vinieron las peleas y tras ellas los golpes. Y yo me sentía impotente porque mi voz ni siquiera lograba levantarse sobre aquel alboroto que habían armado. Así que no lo pensé dos veces, reduje la marcha, aparqué el coche en el arcén en plena carretera, puse el freno de mano, me volví hacia el asiento de atrás y cada niño recibió un bofetón, y luego hice lo mismo con los dos que tenía a mi lado. Volví a poner la primera, salí a la carretera y, disfrutando del silencio repentino que se había creado dentro del coche, conduje unos cuantos kilómetros feliz porque no había que poner orden ni regañar. Hasta que unos veinte minutos más tarde uno de los niños volvió a preguntar «cuándo llegamos», no se oyó ni un suspiro. Luego otro se atrevió a decir que tenía sed y al cabo de bastante rato un tercero señaló que se le había despertado un hambre repentina. Pero para entonces ya era de día y al cabo de muy poco rato nos detuvimos a desayunar, y más tarde nos metimos en una carretera secundaria y bordeando el ribazo de un río encontramos una poza donde nos dimos un baño, y nos comimos unas deliciosas tortillas de patata con salchichas y pimientos asados que traíamos en la cesta, y mientras ellos jugaban a la pelota yo me eché una siesta y cuando reiniciamos el viaje, cansados como estaban por el madrugón, el sopor del baño y los juegos, cayeron rendidos y se durmieron unos sobre otros sin moverse hasta que llegamos al albergue hacia las siete y aun entonces me costó trabajo sacarlos del coche, llevarlos a su dormitorio y enseñarles dónde había ordenado su ropa. Ya ni se acordaban de la bofetada que se habían ganado. Sin embargo, cuando un mes más tarde volví a buscarlos, en el viaje de vuelta nos detuvimos a almorzar en un restaurante de la carretera donde, ante los ojos atónitos de la camarera, acabaron entre todos con la fuente entera de los quesos, y cuando comenzaron a excitarse y a hacer tonterías y a pelearse por el último trozo que quedaba en el plato y ya iba yo a intervenir para poner un poco de orden, la voz de uno de ellos los dejó a todos en silencio.

—¡Cuidado! —les dijo—, que luego viene la bofetada.

Aunque nunca supe si se callaron ante la amenaza de aquellas palabras o si en este mes de vida comunitaria en el albergue habían aprendido a comportarse, lo cierto es que dejaron el alboroto para mejor ocasión.

Los hijos adultos, los niños muertos

Cuando los hijos son pequeños, cuando estamos entregados
a ellos y pendientes de sus cambios de expresión, de la palabra
nueva que aprenden a decir un
día, de sus gracias y de sus ternu-
ras, cuando nuestras noches se
miden por sus desvelos y sus
pesadillas, cuando no hay en
nuestro futuro ni un espacio ni un
tiempo que no les pertenezca, la
sola idea de que un día crecerán y
se irán de casa a vivir lejos de
nosotros nos parece una quimera
tan inverosímil y fantasiosa como
pensar que cuando seamos ancianos tendremos el pelo blanco y
nos sentaremos tras un cristal a
tomar el sol sin otra cosa que
hacer que sumergirnos en nues-

tra memoria y esperar pacientemente la muerte. Y si, por el contrario, somos capaces de entenderlo e imaginarlo, nos produce una tristeza profunda, como si comprendiéramos de pronto que el sueño habrá de terminarse un día, el proyecto en el que estamos metidos se convertirá en una realidad que se nos escapa y nada podrá consolar una carencia tan lacerante. El mero pensamiento de esa carencia y de la soledad que arrastrará consigo nos hace brotar lágrimas de compasión por tan desolador paisaje.

Por suerte, nadie tiene demasiada imaginación para el futuro. El futuro es lo que está al final de un camino tan largo, con tantas revueltas y tantas escalas, que la vista apenas alcanza a ver cómo se unen las dos líneas que se pierden en el horizonte en un lugar inexistente que pertenece más al reino de las ideas, y de la fantasía, que al de la certidumbre.

Después vienen los años de la infancia y la juventud de los hijos, cuando el papel de padres tiene más compensaciones aún y se entra en la larga etapa de normalidad familiar jalonada de pequeños acontecimientos que se repiten año tras año, escuela, vacaciones, fiestas, que no hacen sino ratificar la perennidad de la familia tal como es en ese momento. Hablamos con nuestros hijos y participamos de sus juegos y de sus estudios, vamos viendo cómo crecen y somos testigos del desarrollo de su carácter y de su forma de ser. Compartimos comidas y cenas, discutimos, les reñimos, se nos enfrentan alguna vez, pero estamos juntos y nuestro tiempo es todavía el suyo. Y así será para siempre, nos decimos. Tampoco entonces somos capaces de imaginar la casa vacía, y es en esta época cuando hacemos planes de ampliación, de compra de pisos más grandes porque ya no cabemos con tantas actividades como poco a poco van desarrollando los chicos, como si este tiempo fuera a durar eternamente. Y no nos damos cuenta de que el futuro con los hijos dependientes de nosotros apenas tiene una duración de una década, porque dentro de muy poco comenzarán a disponer de su tiempo y el espacio que ocupan pasará a ser una isla dentro de la vivienda familiar.

Pero llega el día en que vemos que nuestros hijos deciden por sí mismos lo que les atañe, no por llevarnos la contraria ni por fastidiar, sino porque eso es lo natural. Entonces los padres, si son listos y están atentos, entienden que sus hijos se están haciendo adultos porque tienen una estructura de vida al margen de la suya. No saberse hacer a esta idea y atribuir malas intenciones a los hijos, o alejamiento o falta de atención, es no conocer el orden natural de las cosas.

Se nos echan encima los años difíciles, los años en que los hijos buscan su lugar en el mundo, casi siempre en solitario, sin hablar ni oír a nadie, inmersos en el torbellino de sus sentidos y de sus apetitos que, se diría, crecen y se desarrollan a estallidos, a descargas, a trompicones. Son los tiempos de los enfrentamientos, de la divergencia de criterios, no sobre la prolongación de la vida de familia tal como ha sido hasta entonces, que apenas es posible ya, sino sobre el futuro de los hijos que los padres anticipan con reservas y temores, mientras ellos, igual que los padres cuando tenían su edad, ni piensan ni quieren pensar en él. Quedan lejos los días en que los padres se sabían unidos a los deseos, esperanzas y temores de sus hijos. Ahora intentan adivinar, comprender, a veces incluso imponer su voluntad frente a unos comportamientos que se les antojan disparatados y absurdos y unas actitudes impenetrables, indescifrables. Es entonces cuando comienzan a desear que los hijos se independicen como ellos hicieron, porque aquella carencia que habrían de dejar cuando abandonaran el hogar, aquella carencia tan temida durante la infancia, existe ya de hecho por más que sigan teniendo el mismo domicilio. Y piensan los padres que tal vez la separación y la independencia atenúen la irresponsabilidad que achacan a sus hijos. Y se dan cuenta de que su apoyo incondicional, tanto moral como económico, no hace sino retrasar el momento en que sean ellos los que de una vez encaucen su propia vida y le hagan frente solos. Pero, además, hay un deseo de mejorar unas relaciones que se han ido deteriorando y que a veces son una tortura para las dos partes. Frente a tanta confusión los hijos siguen su camino y los padres no saben qué hacer ni qué decir.

Ésta es una situación relativamente nueva en las relaciones familiares, una situación que apenas existía en generaciones anteriores. Por una parte se achaca a los padres la excesiva permisividad de que gozan los hijos, que en absoluto les apremia como antes a buscar un lugar lejos del hogar paterno donde poder hacer lo que quieran, como en épocas anteriores. Y, por otra, la dificultad de encontrar un trabajo más o menos estable y, más tarde, una vivienda asequible, les obliga aunque no quieran a seguir siendo hijos de familia y compartir el techo y la mesa con sus padres. Es muy cómodo, claro, dicen los padres con desespero al ver a los hijos en el hogar sin otra participación que la de aprovechar las ventajas que se les proporcionan; es muy cómodo, dicen los hijos sin el cinismo que les atribuyen sus padres. A su modo todos tienen razón, y en el fondo esta actitud oculta la frustración de los hijos y la zozobra de los padres por un porvenir que no alcanzan a vislumbrar.

Cada vez es menos común que a una edad en que las generaciones de los años sesenta y setenta ya se habían establecido por su cuenta, a veces en lucha abierta con los padres, los chicos y chicas de hoy sigan dependiendo al menos económicamente de su familia mientras intentan encontrar un nuevo modo de relación, menos amargo, menos crispado, que convenga a esta tardía forma de vivir la juventud. Son tiempos muy duros para los padres que no siempre son capaces de encontrar el modo de tratar a los hijos, y son tiempos extraños para los hijos que, aun queriendo organizar su vida de forma más independiente, no pueden.

En cualquier caso, antes o después, llega el momento de la soledad, de una soledad que lo es sólo en función del trasiego y la compañía que nos han dado los hijos. Llega inexorablemente el momento en que aquel futuro tan descuidado nos acecha y nos damos cuenta de que el día de mañana ya es hoy. Y ese futuro que se ha abalanzado sobre nuestro presente con la misma crueldad con que nos muestra el paso de los años todos los días ante el espejo, nos obliga a mirar al pasado por la nostalgia y el vacío que ha dejado. Porque los hijos se han ido y comienza una nueva vida en la que nosotros nos hemos quedado detrás del parapeto de su historia. Y de pronto, sin saber cómo, los papeles han cambiado, se han invertido, y si las cosas van bien, serán ellos los que nos controlarán y, cuando llegue el momento, nos cuidarán.

Y es entonces cuando para muchas madres que han entregado su vida entera al cuidado de los hijos, sin dejar un resquicio por el que descubrir qué más contenía el mundo de sus apetencias, comienza lo verdaderamente difícil. Porque de pronto se diría que no hay nada que hacer, nada con sentido. Se ha pasado de un primer plano a un segundo. Y si no se han sabido igualar los niveles y convertirse en un igual para los hijos, no sólo no harán caso de nuestros consejos, sino que ni siquiera nos pedirán opinión, y no cabrá entonces la queja porque si en la diferencia se han criado, lo lógico es que en la diferencia mantengan sus relaciones de adulto.

Es cierto que cuando los hijos se han ido, tenemos menos trabajo, menos angustias, es cierto que disponemos de más tiempo y que nuestra mente está más libre para fabular, crear e inventar, pero para quien ha llevado tantos años de vida familiar agitada, divertida, variada e imaginativa, también hay más ocasión para el recuerdo. Hasta que nos hacemos a ello, la pérdida de la cotidianidad nos corroe. Sobre todo por ese atisbo de memoria que viene y se va, sin que lo hayamos convocado, el que se escurre subrepticiamente a horas intempestivas en nuestro quehacer. Sin que queramos recrearnos en lo que fue, sin que ni siquiera pensemos en ello y tengamos la mente ocupada en un proyecto apasionante, surge de pronto como de la nada un golpe de luz, una palabra, una tonada, un aroma, que provoca en la memoria una avalancha de fuegos encontrados y nos sume en una tristeza y una melancolía que no tenemos más remedio que apartar porque de nada sirven y a nadie ayudan.

Además la memoria es engañosa y falaz y juega con nosotros como si fuéramos inútiles niños incapaces de controlar nuestros recuerdos. Porque si bien a veces asoma con cualquier pretexto sin que nadie la convoque, en cambio apenas podemos echar mano de ella para lo más elemental. A veces nos abruma con detalles sin importancia en relación con un hecho ocurrido la semana anterior, pero las más de las veces nos niega la entrada a lo que hicimos con monótona repetición durante años. Porque no es lo inusual y lo esporádico lo que pedimos, sino lo habitual, el despertar, el inicio de la jornada, los primeros gritos, el desayuno, aquellas colas para la ducha, el agua fría con que yo los sorprendía, las risas y las bromas repetidas. ¿Cómo era el despertar de la casa un día cualquiera cuando mis niños eran pequeños? ¿Cómo y cuándo fue que decidimos que ya podían comer en la mesa? ¿Qué se hizo de aquel jersey, de aquel juguete, de aquel mueble? El desarrollo, el devenir, la rueda, nos serán negados para siempre y a cambio se nos dará de vez en cuando un hecho determinado como si fuera a través de una rendija, tras la cual se esconde la memoria entera de un larguísimo periodo de nuestra vida. Sí, es cierto que algo recordamos, imágenes fugaces, luces de una habitación, escenas estáticas, pero siempre a partir de un esfuerzo contra la memoria que, se diría, lucha para velarnos el recuerdo. Y finalmente aparece un niño soñoliento, sin rostro, o con el de una fotografía que hemos visto muchas veces, y llora o ríe, o se va al baño. Pero todo esto pertenece más al reino de la imaginación que al de la estricta memoria, de la memoria visual por lo menos.

Y entonces nos damos cuenta de que nos hace falta su memoria, la de los hijos a veces, más depositaria de los recuerdos que nosotros mismos, o a veces tan distintos de los nuestros que cuando los oímos nos echamos a temblar. Porque si la memoria es engañosa para nosotros, también lo es para ellos, y las diferentes versiones de lo ocurrido no son más que distintas formas de vivirlo.

Hace unos días, mientras escribía estas páginas, hablaba con mi hijo Loris sobre estas sensaciones del recuerdo, tan escurridizas, tan inaprensibles.

—Me gustaría revivir escenas cotidianas repetidas durante años —decía yo— y casi no puedo. No me refiero al día en que Eduard prendió fuego a una cesta de paja que contenía una cristalería, o la tarde que, al llegar a casa, me encontré con que tú habías conectado la lavadora con el tocadiscos para que tuviéramos música mientras andaba, sino de lo más cotidiano. Tantos días comiendo, desayunando y cenando, tantas veces subiendo en el ascensor esperando encontraros en casa, tumbados en el sofá naranja, peleándoos o haciendo los deberes o jugando al fútbol con botones que robabais del costurero o arrancabais de nuestras chaquetas sobre el tablero heredado de mis hermanos, tantas películas que vimos juntos en la televisión se me confunden y forman una amalgama de la que no logro extraer más que un recuerdo borroso que no acaba de materializarse en detalles.

Y me dijo él:

—Yo sí recuerdo cuando subías en el ascensor. Silbabas siempre la misma tonada y nosotros te oíamos y salíamos al rellano.

Es cierto, era una tonada absurda, la de los cadetes de West Point, creo, con la que nos llamábamos los hermanos cuando éramos pequeños y durante muchos años más, y que yo transmití a mis hijos. Debimos sacarla de alguna película americana que también he olvidado. Siempre la silbaba, es verdad. Pero tuvo que ser él quien me lo recordara porque para mí tanto el silbido como la canción habían desaparecido. Hasta tal punto que quise volver a intentarlo y ya casi me había olvidado de silbar.

Tenemos la memoria de los datos, fechas y acontecimientos. Sabemos qué día nacieron y recordamos anécdotas precisas del nacimiento de cada uno, éste nació por la noche, el otro fue por la mañana, más despacio, más deprisa.... Pero las anécdotas también se fosilizan. De hecho no contamos lo que recordamos sino que contamos lo que ya contamos una vez.

Por ejemplo, el recuerdo que tengo de cuando nacieron los gemelos es preciso, casi inamovible. Digo que recuerdo y, si exceptúo algún relámpago súbito, lo que oigo es mi propia voz contando lo que ocurrió ese día, a partir de las mismas imágenes, con las mismas palabras. Y por más que me esfuerzo no logro recordar más que lo que siempre he contado.

Era un lunes, el 27 de enero. Yo tenía que ir a la universidad, estaba entonces cursando el quinto curso de Filosofía y ese día precisamente el profesor

Álvarez Bolado, que nos daba clase de Teoría del Conocimiento, había decidido que sería yo la que expondría el tema. Por supuesto no recuerdo cuál. Lo que sí sé es que no fui porque me puse de parto. Era mi cuarto hijo así que apenas había ido al médico en todo el embarazo. En aquellos años, eso sí lo recuerdo bien, las embarazadas iban muy poco al médico, muchas de ellas ni siquiera iban porque las atendía la comadrona que también las asistía en el parto.

Yo me encontraba bien, creo, por lo menos no tengo conciencia de haberlo pasado mal durante el embarazo. Es verdad que tenía otros tres niños, uno de ellos de un año, y que además estaba en el último curso de la carrera, pero tal vez por el trabajo que tenía y lo ocupada que estaba no me podía permitir encontrarme mal, entre otras cosas porque lo primero que me habrían dicho es que dejara de ir a la universidad, un hecho que en mi entorno nunca dejó de considerarse como un capricho fuera de lugar en una mujer de mi situación. En aquel momento había muy pocas mujeres casadas en la universidad, tan pocas que durante los primeros cursos yo me carteaba con una chica de Madrid que estudiaba Farmacia y nos contábamos las dificultades que teníamos y los problemas o situaciones chocantes con los que nos encontrábamos. Precisamente hacía muy poco tiempo me había ocurrido una de esas situaciones al ir a renovar el pasaporte.

—¿Por qué ha puesto estudiante en el recuadro de la profesión —me preguntó el funcionario— si después pone que está usted casada?

—Pues porque soy estudiante.

—Estudiará inglés o piano —dijo con suficiencia.

—No, estudio Filosofía en la universidad.

Se quedó perplejo sin llegar a comprender. Y dijo por fin:

—Pues tráigame los papeles.

Volví al día siguiente con los comprobantes de la matrícula y los certificados de los cursos anteriores.

—Ah, pues esto, la verdad, no sé qué decirle. Creo que esto no se puede poner. Lo de estudiante me refiero.

—¿Por qué no? —salté yo.

—Pues porque creo que la legislación no lo contempla.

—¿Qué es lo que no contempla?

—Eso, que una mujer casada sea a la vez estudiante.

Y no lo debía de contemplar, porque cuando finalmente se quedó con la documentación y la envió a Madrid para que allí decidieran, la respuesta que recibió fue negativa y contundente.

—Que no se puede, que ya se lo decía yo. Que habrá que poner «sus labores».

—Pues yo no quiero poner «sus labores».

—No tiene nada de malo poner «sus labores».

—Ya lo sé, pero no responde a la verdad.

—Pues no sé lo que vamos a hacer.

Al funcionario debió de parecerle tan injusto como a mí y se afanaba por encontrar una solución que nos conviniera a los dos. Al fin se le ocurrió una idea genial.

—Podemos poner «prensa», que no compromete a nada.

Tampoco era verdad, pero yo lo acepté. Y así fue como durante años el pasaporte de «prensa» me abrió muchas más puertas de las que yo habría podido imaginar, y desde luego muchas más que si me hubieran dejado figurar como «estudiante». Pude asistir, por ejemplo, a varias convenciones políticas en los Estados Unidos y en Londres en aquellos tiempos que los pasaportes, si no te los quitaba el Ministerio de Orden Público, podían muy bien hacer las veces de credenciales.

Así pues, ese día, el 27 de enero, no fui a la universidad sino a la clínica Platón a tener mi cuarto hijo. Apareció el médico, al que yo veía poco pero en quien tenía una confianza ilimitada, junto con la comadrona, y comenzó el parto. Sé que me durmieron o me atontaron y que cuando recobré vagamente la conciencia, pregunté:

—¿He tenido un niño o una niña? —esas cosas tampoco se sabían entonces.

—Un niño y una niña —contestó alguien.

Me incorporé de un salto y me clavé la aguja del gota a gota que todavía llevaba en la vena. En un rincón mi marido contaba cuántos seríamos a partir de entonces y había a mi alrededor un jolgorio general. Había entrado tal cantidad de familia y amigos, y era tal la sorpresa que a mí nadie me hacía el menor caso. Me dijeron días después, o entonces, ¿cómo saberlo?, que el médico ya se estaba yendo una vez había nacido el primero, ¿el niño fue o la niña?, y Esther, la comadrona, lo llamó:

—Doctor, doctor, vuelva, hay otro.

No sé si esto fue así o no, yo así lo he contado desde entonces, como he contado mil veces que David, que tenía poco más de un año, se acostumbró tanto a ver a un niño con dos cabezas, una de cada lado de la cuna, que cuando finalmente nos trajeron la segunda cuna no podía entender qué había pasado con la otra cabecita y levantaba la manta de los pies para descubrir dónde podía haber ido a parar.

Y lo sigo contando casi con las mismas palabras, pero no logro recordar nada más. Una visión desde la camilla del quirófano donde estaba tendida, un contrapicado de abajo hacia arriba, distorsionado por la luz del foco que me hacía cerrar los ojos y sumía en la penumbra el resto de la habitación. Y en el recuerdo la cara de estos niños cuando me los trajeron siempre será la de la fotografía que ese mismo día nos hizo Xavier Miserachs, más que caras, dos cabezas minúsculas, dos bolas con pelusilla, y la mía volcada sobre ellos en un gesto de ternura tan evidente, tan sincero, que aún hoy al verla, al recordarla, siento la misma emoción, el mismo asombro, que debí de sentir en aquel momento.

No nos es posible recordar la cara de un niño cuando tenía unos pocos años menos que ahora, unos pocos meses. Más aun, cuando el niño tiene siete años, apenas sabemos cómo era cuando tenía uno. Como si al vivir se fuera borrando el pasado, incluso el más reciente, y el presente con su esplendor y su fuerza lo desbancara, lo subsumiera, se lo tragara.

Nuestros hijos se van transformando de tal forma que, entre que la memoria nos oculta su rostro y que para recordarlos echamos mano de una historia contada o de una fotografía, cuando los comparamos con los que tenemos delante, comprobamos que ya tienen muy poco que ver. Es cierto que el hijo mayor posiblemente nos proporciona más alegría, más amistad, más complicidad que el de entonces. Pero aquel niño o aquella niña, minúsculos, que llevábamos en brazos, aquel peso que se amoldaba a la forma de nuestro cuerpo, aquel aroma de bebé, aquella ternura al arrimar y encajar su cabeza en nuestro hombro, aquel contacto tibio, que imaginamos más que recordamos, aquello ya no existe. Tal vez por esto, desde que comencé a tener hijos y sobre todo en el momento en que me di cuenta de que iniciaban su propia andadura al margen de la mía, tuve siempre el temor de que no tendría el talento suficiente para aceptar del todo que se habían convertido en adultos. Porque una cosa es educarlos en libertad y otra, muy distinta, que la practiquen en todos los ámbitos de la vida.

De ahí que cuando los hijos son mayores, aquellos niños que viven en nuestros sentimientos y en nuestra memoria aun sin imágenes directas, nos parezcan otros niños, niños distintos de los adultos que conocemos ahora, niños desaparecidos, niños muertos.

Igual que muertas están nuestras vacaciones junto al mar.

¿Qué se ha hecho de aquella casa que alquilábamos año tras año en Cadaqués? Era una casa vieja más que antigua, de techos altos y puertas pintadas de azul celeste, y en el suelo baldosas tan gastadas que habían perdido el esmalte hacía años y había que regar todos los días para aplacar el polvillo rojo que levantaba la escoba. Era una casa de dos pisos. Al de arriba, donde en verano vivía Marcel Duchamp, se subía por una escalera exterior. El nuestro tenía la entrada al nivel de la calle, por detrás un largo balcón daba sobre el mar y debajo había una cava cuyo portalón se abría sobre las rocas y una playa diminuta de cantos rodados. Se levantaban los niños, día tras día, verano tras verano, y por las escaleras de la cava llegaban a la playita. Se metían en el agua y los oíamos gritar y hacer carreras, o echarse desde la rocas emulándose unos a otros, hasta que salíamos al balcón y los llamábamos a desayunar. Una mesa larga en un comedor interior, grandes pilas de pan con tomate, tortillas, croquetas y fuet, y pan de *coca* recién sacado del horno, y leche que los mayores iban a buscar a la lechería del pueblo, y muchos cafés para nosotros. Amigos suyos y nuestros que se sumaban al desayuno, y Tristán debajo de la mesa dormía para recuperar la noche que había pasado en la calle golfeando, el fruto de cuyas pasiones reconocíamos también, año tras año, en los perros que corrían por el pueblo, sueltos entonces, todos negros como él, a su viva imagen y semejanza.

Después, con las cestas de la comida y las garrafas de vino, íbamos a buscar la barca y salíamos al mar. Navegábamos hacia el norte casi siempre, hasta encontrar una calita desierta, que entonces las había, y pasábamos el día nadando, durmiendo para recuperarnos los mayores de las horas no dormidas, a veces pescando serranos o cogiendo mejillones que cocinábamos al vapor en el fuego sobre las piedras. Y sacábamos el vino rosado de garrafa que casi nunca estaba frío, porque el camión del hielo no había llegado aquella mañana y el vino se había calentado en la cabina. Después venía el arroz blanco con escalibada y mahonesa o alioli, y carne empanada, para acabar con una sandía que comíamos lavándonos la cara para seguir los preceptos del refrán. No logro recordar qué otra comida nos llevábamos, pero debíamos de tener una larguísima lista de menú porque fuimos de picnic cientos, miles de veces, en aquellos veinte veranos deliciosos de Cadaqués, un pueblo que vimos extenderse, desparramarse y escalar los montes que nosotros habíamos conocido desiertos y grises como marcos para el inefable lienzo de la iglesia blanca en la cúspide de las callejas que se empinaban hacia ella desde el mar. Sé que estos recuerdos se han desprendido de todo cuanto podía malbaratarlos, minimizarlos. Sé también que muchos días, sobre todo a medida que pasó el tiempo, los hijos venían menos y la barca se llenaba de amigos, pero el recuerdo de la vuelta al pueblo al atardecer, con el sol oblicuo de poniente escondiéndose tras las montañas negras del Cabo de Creus, perfilándolas sobre el cielo todavía azul, cubiertos todos con chaquetas y toallas porque había entrado un fuerte viento del sur y nos mojábamos, entre escalofríos y risas, el mar gris, movido, el taf taf del motor, el leve olor a gasóleo, el cansancio, el sol y la sal en la piel y en los ojos, y aquellos hijos moviéndose por la barca, entre los amigos, con la misma facilidad a pesar de los golpes de mar que si hubieran nacido en ella, era y será para siempre, con el sofá naranja, el paisaje donde se refugia la mirada cuando asoma la añoranza y la nostalgia. Igual que aquel mar gris, que a esa hora crepuscular se confundía con el horizonte apagado de levante, me parece el mar más bello de la tierra, el espectacular soporte de los más dulces veranos de mi vida.

Los más dulces y los más prósperos para la diversión y el espíritu en aquellos sombríos tiempos del franquismo y aún después. Porque cuando llegábamos a tierra y habíamos amarrado la barca a la boya, y habíamos vuelto a casa a ordenar cestas y cacerolas, y nos habíamos duchado para quitarnos la sal, y los niños cenaban y se iban a dormir, siempre había un café, una terraza, una casa con amigos inteligentes y apasionados que nos esperaban para charlar, discutir y tomar copas hasta el amanecer.

También esto lo ha engullido el presente.

———————

En un viaje que hice a Siria, muchos años después, tuve la suerte de visitar el Museo Nacional con su director, el señor Bachir Zuhdi, y después de una mañana entera de recorrer las salas y oírle contar con su voz melodiosa los secretos y misterios que se escondían tras las vitrinas, las estatuas, los relieves y los frisos, me acompañó a la puerta y me despidió con estas palabras:

—Adiós —me dijo—. Le deseo lo mejor, le deseo que sea feliz con su trabajo. Recuerde, el trabajo no es un castigo, es un regalo que nos han hecho los dioses para que no nos enloquezca el paso del tiempo.

Y si bien se mira, tal vez no sea tanto la comparación de nuestros hijos cuando eran niños con los adultos que son hoy, ni la nostalgia o la añoranza, lo que los haga parecer niños muertos. Tal vez sea cierto que lo que nos enloquece, si pensamos en ello y no dejamos que lo oculte el trabajo, no sea más que el misterio insondable del paso del tiempo.

El fin de la aventura

Hacerse a la edad de los hijos cuando son mayores y tienen sus propios hijos, saber respetar su modo de vivir, aceptarlo con todas sus consecuencias, desterrar por inútil para ellos nuestra experiencia y entender que no hay que darles consejos porque ya saben equivocarse solos; compartir los amigos, comprender sus ideas, aceptar sus creencias y mantenerse autónomo, debe ser aquella sabiduría de la que hablaban los antiguos que sólo se consigue con la edad.

Y es entonces, cuando se acerca el fin de la aventura, cuando los padres todavía estamos a tiempo de rectificar actitudes que han sido negativas en la relación con los hijos, y también con nosotros mismos.

Haber tenido hijos es un hecho que, como decía el catecismo de los sacramentos del orden y el bautismo, imprime carácter. Sobre todo para quien los ha disfrutado y los sigue disfrutando, para quien sigue teniendo cerca aquellos niños que, muertos o no, consideramos el verdadero milagro de nuestra vida. Al margen de la compañía, de la protección o de la ayuda que puedan proporcionarnos, más allá de la satisfacción de comprobar el coherente desarrollo de su personalidad o del orgullo que sintamos porque han alcanzado una meta profesional de acuerdo con su vocación y sus deseos, y también más allá de los descalabros, de los fracasos, de los disgustos que pudieron darnos en un momento y que en muchos casos siguen dando hasta la vejez. O, ¿por qué no?, de nuestros descalabros y fracasos, y de los disgustos que pudimos darles nosotros a sabiendas o no.

Sé que hay personas para las cuales los hijos fueron un episodio en sus vidas, un episodio lejano al que no han podido dar continuidad por diversas circunstancias, muchas de las cuales son achacables a los propios hijos. Y otras que los perdieron para siempre tal vez por cuestiones banales, como dinero, herencias, celos, absurdos malentendidos. Y otros, en fin, que no los tienen ya porque los sustituyeron o los olvidaron, o a su vez fueron sustituidos u olvidados por ellos. Y me cuesta imaginar cómo se puede soportar esa carencia. Por esto, al pensar en los míos y en mi vida con ellos, antes cuando eran niños, ahora que son adultos, siento un infinito agradecimiento, difuso y reconfortante, que no sé muy bien a quién dirigir. Ni entiendo tampoco a qué extraño fenómeno atribuir la culminación de un proceso iniciado hace tantos años sin más herramientas que la inquebrantable determinación de convertir en realidad el reducto mágico imaginado en mi infancia.

Sé que nada es eterno y que todo está sometido a transformaciones y cambios que no siempre son como esperábamos. Lo sé y, de alguna manera, en ello he confiado y confío a todas horas, porque lo hago siempre con la esperanza de que el cambio y la transformación serán a mejor. Aun así, no me atrevo a aventurar sobre el futuro. Pero si el final de la vida me encontrara, en este aspecto, igual que hoy, podría enviar a mis hijos todavía un último mensaje de amor y de complicidad, porque estoy segura de que en aquel momento supremo entendería de forma cabal, como siempre se nos ha dicho que se contempla la propia vida cuando vamos a dejarla, quiénes son los recipendiarios de mi agradecimiento y a quién tengo que atribuir la magia de aquel extraño fenómeno que hizo posible la culminación de mi sueño.

Y esto no es una fantasía. Por más que sea cierto que aun contando con el paso del tiempo no tenemos imaginación para el futuro.

Madrid, octubre de 1998.